漢字

기탄 교과서 한자가
초등 한자교육의 기준이 되겠습니다

기탄의 교육이념과 함께 하며 자녀 교육을 몸소 실천해 주신 수백만 학부모님의 사랑으로 이제 기탄은 학부모님께 자녀교육의 기본이자 시작으로 인식 되고 있습니다. 값비싼 사교육비를 들이지 않고도 '과연 내 아이를 잘 가르칠 수 있을까?' 하고 의구심을 가졌던 분들도 기탄으로 자신 있게 가르치며 남다른 학습효과를 보고 있다고 이구동성으로 말씀하십니다.

최근 들어 기탄교재로 공부하는 어린이들이 폭발적으로 증가하고 있는 것은 그 동안 타성에 젖어 비싼 사교육에만 의존하던 학부모님들의 의식에 일대 변혁이 일어나고 있다는 증거이며, 자녀교육의 새로운 시작을 알리는 메시지라고 생각합니다.

초등한자의 바이블! 기탄교과서한자입니다

기탄교육은 기탄한자(A~D단계) 이후 학습할 수 있는 한자 학습프로그램을 만들어 달라는 학부모님들의 많은 성원에 힘입어 새롭게 기탄교과서한자를 선보이게 되었습니다. 기탄교과서한자는 기탄한자의 연계 학습프로그램으로 초등교과서 90여권을 총 분석, 10만여 한자어를 정리한 방대한 데이터베이스를 확보하였습니다. 이 중 교과서 출현 빈도, 중학교 교육용 필수 한자 범위 내에서 530여 한자어를 국어, 수학, 사회과 탐구 등 다양한 영역의 한자를 학습하게 했습니다.
 특히 학교별 학력평가시험(일제고사) 부활로 인해 교과별 영역별 성적표에 성취도가 등급화 되는 것을 반영, 초등 교과서에 실린 각 과목의 한자어와 교과서 유형 문장학습으로 예습, 복습의 효과와 기초 논술력까지 길러줍니다. 뿐만 아니라 한자 카드, 쓰기 보따리, 형성평가가 입체적인 한자 학습을 이끌어갑니다. 또한 중국어에 대한 관심이 늘어가는 것을 고려, 간체자를 익혀 중국어 학습의 연계와 어학능력 계발의 기회를 마련하였습니다. 기탄한자에서 기탄교과서한자까지! 이제 유·초등 한자교육은 기탄한자에 맡겨 주십시오.

부모가 바뀌지 않으면 아이도 바뀌지 않습니다

무조건 비싼 사교육비를 들여서 아이를 남에게 맡긴다고 성적이 좋아지는 것은 아닙니다.
자녀교육은 부모의 사랑과 관심이 있어야 학습효과가 배가됩니다. 이제부터 부모님이 직접 챙겨주세요.
무조건 사교육에 우리 아이들을 맡기기 보다는 아이들 스스로 공부하는 힘을 길러줄 수 있도록 기초교육만큼은 부모님께서 직접 챙겨주세요. 앞으로도 기탄교육은 자녀와 함께 공부할 수 있는 최상의 교재를 만들기 위해 항상 먼저 학부모님의 마음을 들여다 보며 최선의 노력을 다하겠습니다.
기탄을 사랑하는 대한민국 모든 학부모님께 진심으로 감사의 말씀을 드립니다.

(주) 기탄교육 임직원 일동

기탄교과서한자는
초등학교 교과서에 쓰인 한자어를
총체 분석한 어휘력 향상 한자 학습 프로그램입니다

- 초등학교 교과서 90여권을 총분석, 교과서에 쓰인 한자어를 집대성한, 방대한 데이터베이스를 갖추어 학습 한자어를 선정, 발췌하였습니다.

  기탄교과서한자는 지금까지 어떤 학습지사에서도 시도하지 않은 과학적, 실용적인 한자어 선정 작업을 거쳤습니다. 초등학교 교과서 90여권에 쓰인 한자어 분석 작업을 성균관대학교 한문학과 학생들에게 의뢰하여 10만여 한자어를 정리한 방대한 양의 데이터베이스를 갖추었습니다. 이중 교과서 출현 빈도와 실용도, 한자 학습상의 난이도를 고려하고, 중학교 교육용 필수한자의 범위 내에서 530여 한자어를 선정하여 국어, 수학, 사회과 탐구, 음악, 미술 등 다양한 영역에서 실용도 높은 한자어를 학습하게 됩니다. 또한 커리큘럼의 전개 방식은 학습자들이 낱낱의 한자 암기가 아닌, 교과서 예문 유형의 문장 속에서 한자와 한자어의 쓰임을 체득하여 어휘력을 신장시킬 수 있는 한자 학습 프로그램입니다.

- 낱개의 한자 학습 뿐만 아니라 언어 사고력을 높여 초·중·고등학교의 학력 평가와 논술의 기초 능력을 길러 줍니다.

  초·중·고등학교의 시험이 달라집니다. 8년 전 폐지되었던 학교별 학력평가 시험(일제고사)이 시행되고 교과별, 영역별 성적표에 성취도가 등급화 되어 반영됩니다. 또, 2007학년도부터 중·고등 내신평가에서 종전의 단답형 시험유형을 줄이고 논술, 서술형의 시험문항 출제 비중이 50%로 확대되어 집니다. 기탄교과서한자는 초등학교 교과서에 실린 각 과목의 한자어와 교과서 유형 문장 학습으로 학습내용의 예습, 복습의 효과와 논술의 기초 능력까지 길러 줍니다.

- 학습자 스스로 한자의 무궁무진한 조어(造語)기능, 의미 함축 기능, 의미 확인 기능을 직접 체험할 수 있도록 구성하였습니다.

▶ 기탄교과서한자에서는 기초과정에서 이미 학습한 한자와 새로 배우는 한자를 더하여 교과서에 쓰인 한자어를 익히게 됩니다. 이러한 학습 과정을 통해 한자가 가진 조어력(造語力)을 아이들 스스로 체험해가며 조어와 독해의 원리까지 깨닫게 됩니다.

信 + 用 …▶ 信用 언행이나 약속이 틀림이 없을 것으로 믿음
信 + 義 …▶ 信義 믿음과 의리
信 + 念 …▶ 信念 굳게 믿어 의심하지 않는 마음

▶ 기탄교과서한자에서는 한자의 의미함축 기능을 익혀 전문화된 용어의 이해를 돕고, 아이들이 사용할 수 있게 됩니다. 한자는 뜻글자로서 하나의 한자마다 뜻을 함축하고 있어 전문용어나 고등지식의 습득을 용이하게 합니다.

투수?
…▶ 던질 투(投) 손 수(手)
그러면 던지는 손. 아하! 던지는 사람
…▶ 사전적 의미
야구에서 내야의 중앙에 위치하여 포수를 향해 공을 던지는 사람

▶ 기탄교과서한자에서는 한자의 의미 확인 기능을 익혀 언어의 바른 의미를 쉽게 파악할 수 있습니다. 한글로 쓰인 '의사'는 대략 8개 정도의 뜻을 지니고 있어 醫師(의사)인지, 意思(의사)인지, 아니면 義士(의사)인지 알기 어렵습니다. 그러나 한자를 익히면 의미가 명시적으로 드러나 그 뜻을 바로 확인할 수 있습니다.

의사
…▶ 意思 : 무엇을 하려고 하는 생각이나 마음
…▶ 義士 : 의리와 지조를 굳게 지키는 사람
…▶ 醫師 : 의술과 약으로 병을 고치는 직업에 종사하는 사람

기탄교과서한자는
낱개의 한자 학습 뿐만 아니라 언어 사고력을 높여
논술의 기초 능력까지 향상시키는 프로그램입니다

- **초등학교 교과서에 쓰인 한자어를 학습합니다.**
  초등학교 교과서에 쓰인 중학교 교육용 한자 900자 범위의 한자어를 사용 빈도, 출현 횟수, 한자 학습상의 난이도를 고려하여 학습 한자와 한자어를 선정하였습니다. 이는 종래의 한자 중심의 배열방식에서 벗어나 실용한자를 익혀 학습자의 언어 사고력을 높여 학습능력을 높이는 학습목표를 담아낸 것입니다.

- **한자의 특성을 학습자가 체험하며 깨닫는 원리체험 학습 프로그램입니다.**
  한자가 갖는 문자학적 특징은 조어력, 의미 함축성, 의미 명시성이 있습니다. 기탄교과서한자에서는 학습자가 스스로 이러한 특성을 깨달을 수 있게 됩니다. A~D단계의 학습으로 기초적인 상형, 지사자를 익힌 아이들은 기초적인 한자와 새로 배우게 될 한자의 결합, 즉 조어(造語)과정을 몸소 체험하며 깨달을 수 있게 됩니다. 이러한 경험으로 처음 만나는 단어를 접할지라도 그 의미를 유추하고 파악할 수 있는 능력을 기르도록 개발되었습니다.

- **문학, 인문, 역사, 위인, 실용문 등 다양한 영역의 폭넓은 소재를 통해 한자를 흥미롭게 학습합니다.**
  교과서에 실린 한자어를 교과서 유형의 단문 뿐만 아니라 다양한 글감들을 통해 심화학습하게 됩니다. 동화작가의 창작동화, 위인이야기, 시, 신문, 전래동화 등 문학·인문, 역사, 위인, 실용문 등을 통해 한자를 흥미롭게 익힐 수 있도록 구성하였습니다.

- **기출 한자의 복습 재생으로 파지 효과를 높일 수 있습니다.**
  3주마다 한 번씩 독립된 복습주를 운용하여 학습내용의 파지 효과를 높일 수 있습니다. 또 매 장마다 앞서 배운 한자를 하단에 기재하여 교재내의 사전적 기능을 높이고 자학자습이 가능하도록 구성하였습니다.

- **한자 카드, 쓰기 보따리, 형성평가를 이용한 입체적 학습 방법론을 제시하였습니다.**
  학습지를 읽고 풀이하는 학습과 병행하여 한자 카드를 통한 훈음 기억 학습, 쓰기 보따리를 이용한 한자 암기 학습, 형성평가를 통한 자가 진단 등 주교재 이외의 학습 도구를 제시하였습니다. 이러한 보조교재들을 통해 아이들은 지루하지 않게 한자를 익히고 실력을 향상 시킬 수 있습니다.

- **간체자를 익혀 중국어 학습의 연계와 어학 능력 계발의 기회를 마련하였습니다.**
  학습 한자에 해당되는 간체자를 제시하여 한자 학습의 실용도를 높였습니다. 간체자를 아이가 모두 암기하지 못하더라도 간체자의 개념을 알게 되고, 중국어 학습에 자발적인 흥미유발의 기회가 될 수 있습니다.

어렸을 때 배운 한자는 평생을 통해 활용됩니다
한자 학습의 중요성이 날로 높아지고 있습니다

● **한자 학습은 왜 필요할까요?**

한자 학습은 이제 선택이 아닌 필수가 되었습니다. 우리의 언어 생활에 반드시 필요한 영역이라는 인식과 함께 한자가 지닌 학문적 전이성, 시대적 필요성 등이 재해석 되고 있기 때문입니다.

첫째, 우리말의 70% 이상이 한자어로 이루어졌기 때문에 기본적인 언어 생활에 도움을 줍니다. 곧 우리말을 바르게 이해하고 올바른 국어 생활을 하기 위해서는 한자를 아는 것이 필수적입니다.

둘째, 국어, 수학, 사회, 역사, 외국어 등 다른 학과 공부에 많은 도움을 줍니다. 예를 들어 수학을 공부할 때 분자(分子), 분모(分母), 분수(分數) 등 한자를 알고 있는 아이라면 수학의 개념도 훨씬 더 쉽고 정확하게 이해할 수 있습니다. 이렇게 한자는 타과목의 도구 교과적인 성격을 갖고 있습니다.

셋째, 어휘력과 이해력의 신장으로 문장 의미 파악이 쉬워져 책을 가까이 하는 아이로 만들어 줍니다. 한자는 조어력(造語力)과 의미 함축성이 매우 뛰어난 문자입니다. 이러한 이유로 전문서적이나 학술 용어 등은 한자로 표현되어 있습니다. 많은 양의 독서 경험은 곧 아이의 생각하는 힘과 창의력을 길러 줍니다.

넷째, 한자나 한문에는 선인들의 지혜와 윤리관이 배어 있어 바람직한 가치관과 예의범절을 배울 수 있습니다. 고전, 명문 속에 담긴 효행, 우애, 경로 등 사상적인 유산을 통해 바람직한 가치관을 가질 수 있고 나아가 사람이 해야 할 도리, 어른을 공경하는 자세, 학문을 배우는 자세 등도 익힐 수 있습니다.

● **한자 학습의 추세는 어떤가요?**

한자 사용을 사대주의적 발상, 중국의 문자 차용이라고 보는 종전의 시각에서 벗어나 이제는 우리 언어의 일부라는 인식이 확대되어 초등학생부터 성인까지 한자 학습 열풍이 불고 있습니다.

첫째, 한자능력검정시험의 자격증이 국가 공인 자격증으로 인정됨에 따라 유아~성인에 이르기까지 한자 학습 붐이 일고 있습니다.

둘째, 21세기의 주역으로 한자 문화권이 급부상함에 따라 중국어, 일본어의 기초로서 한자 학습의 열기가 높아지고 있습니다. 한자는 세계인구의 1/4이 사용하고 있는 국제 문자로서 앞으로 그 중요성은 날로 높아질 것입니다.

셋째, 2005년부터 대학 수학 능력 시험 외국어 영역에 한문 과목이 추가되고 중·고등학교의 시험 출제 유형에서 논술 유형 출제 비중이 높아짐에 따라 한자 학습의 조기 교육이 일반화되어 가고 있는 상황입니다.

넷째, 대부분의 초등학교에서 재량시간으로 한자 학습을 시행하고 있습니다. 70년대 이후 한자 교육을 전혀 받지 못했던 부모님들과는 달리 현재 대부분의 초등학생들이 한자를 배우고 있습니다.

다섯째, 각종 공문서, 도로 표지판 등에 한자를 병기하는 국가 정책과 경제계, 교육계 등 각계의 한자 학습 요구에 대한 발표로 한자 학습의 중요성은 더욱 높아지고 있는 상황입니다.

한자 학습은 아이의 두뇌를 개발해 줍니다
한자 학습의 체계! 기탄한자가 잡아 줍니다

● **한자 학습의 효과는 무엇인가요?**

▶ 한자는 그림에서 시작된 문자로서 구체적 이미지 자체가 곧 문자가 되었습니다. 이러한 시각적 이미지를 통한 학습은 곧 아동의 우뇌를 자극해 줍니다.

▶ 한자는 하나의 기초 개념에서 새로운 개념을 창출해 나갑니다. 이러한 과정을 통하여 아동의 창의력, 어휘력을 길러 줍니다.

▶ 한자는 저마다의 뜻, 소리, 모양을 각기 지닌 문자입니다. 이렇게 저마다의 뜻과 소리, 모양을 분석하는 연습을 통해 아동의 좌뇌 발달을 돕습니다.

▶ 한자는 부수와 몸이라는 수많은 부속품들의 조합으로 이루어진 문자입니다. 이러한 부속품들의 분리와 합체 과정을 통해 아이의 좌뇌를 발달하게 하고 논리력, 분석력을 키워 줍니다.

▶ 한자가 갖는 문자학적 특징은 조어력, 의미 함축성, 의미 명시성이 있습니다. 이미 만들어진 한자와 한자를 결합하여 새로운 단어를 만드는 조어력, 의미를 함축적으로 표현할 수 있는 의미 함축성, 의미가 바로 드러나는 의미 명시성이 있습니다.

한자 학습의 연구가 활발히 이루어지는 일본에서는 한자 학습의 시기가 빠를수록 좋다고 합니다. 그것은 우뇌 발달 시기인 6세 이전에 표의문자를 더 쉽게 받아들일 수 있으며, 초등학교 1학년 때가 가장 높은 효과를 보인다는 주장입니다. 그러므로 어른들의 관점으로 한자가 유아들에게 어렵다는 편견은 버려야 하며 한글을 어느 정도 읽을 수 있는 시기라면 한자 학습의 적기라고 할 수 있습니다.

● **기탄한자는 어떻게 구성되었나요?**

▶ 기탄한자는 그림과 놀이로 시작하는 기초 한자 과정에서부터 고전명저의 명문장까지 한자 학습의 체계를 세우는 프로그램입니다. 중학교 교육용 한자 900자의 범위에서 기초한자(낱자)과정 ➔ 조어(교과서 한자어)과정 ➔ 문장(고전)과정의 학습까지 한자 학습의 체계를 세우는 학습목표로 개발되었습니다.

▶ 기초한자(낱자)과정(A단계~D단계)에서는 한자를 처음 시작하는 유아에서 한자 학습의 경험이 없는 초등학교 2학년생을 대상으로 상형자, 지사자 등 쉬운 개념의 기초한자 168자를 익히게 됩니다.
시각 이미지를 통한 그림한자의 각인과 다양한 부교재를 통한 놀이 학습으로 재미있게 학습하는 특성을 지니고 있습니다. 또, 최고의 일러스트와 세련된 디자인으로 아동의 정서적 심미감을 기를 수 있는 프로그램입니다. 기존의 한자 교재와는 차별화된 학습 효과를 얻을 수 있습니다.

▶ 조어(교과서 한자어)과정(E단계~G단계)에서는 총 90여권의 초등학교 교과서에 쓰인 모든 한자어를 사용 빈도와 한자 난이도에 따라 분석한 방대한 양의 데이터베이스를 갖추어 156자의 학습 한자와 530여 한자어를 선정하였습니다.

신출 한자와 이미 학습한 기출 한자를 조합하여 새로운 어휘를 만들어 내는 무궁무진한 조어(造語)의 원리를 아이가 스스로 깨달아 이해력과 어휘력이 높은 아이로 자라나게 해줍니다. 또 단편적인 한자 암기 학습에서 벗어나 국어, 수학, 사회, 과학 영역의 다양한 예문 학습과 창작 동화, 인물, 시, 신문, 고전이야기 등의 학습으로 학교 수업에 자신감을 길러 주고 나아가 어휘력, 사고력 향상으로 논술의 기초 능력까지 배양해 줍니다.

구성내용

A·B단계 교재별 구성내용은 이렇습니다

◆ 기탄한자 **A단계** 호별 학습 내용 및 부교재

집	호		학습 한자	학습 한자어	부교재
1집	1	1a ~ 12a	山, 川, 日	강산, 등산/ 하천, 산천/ 日기, 日월	한자 모형 놀이 한자 카드 한자어 카드
	2	13a ~ 24a	月, 火, 水	반月, 月급/ 火산, 火재/ 水영장, 水요일	
	3	25a ~ 36a	木, 金, 土	木수, 식木일/ 金구, 황金/ 국土, 土지	
	4	37a ~ 48a	복습+놀이 학습	복습	
2집	5	49a ~ 60a	一, 二, 三	一등, 통一/ 二층, 二학년/ 三각형, 三총사	한자 창열기 놀이 한자 카드 한자어 카드
	6	61a ~ 72a	四, 五, 六	四방, 四계절/ 五선지, 五월/ 六학년, 六반	
	7	73a ~ 84a	七, 八, 九	북두七성, 七면조/ 八도강산, 八방미인/ 九관조, 九구단	
	8	85a ~ 96a	복습+놀이 학습	복습	
3집	9	97a ~ 108a	十, 百, 千	十자가, 十월/ 百점, 百화점/ 千자문, 千리마	한자 파노라마 놀이 한자 카드 한자어 카드
	10	109a ~ 120a	耳, 目, 口	耳목, 耳비인후과/ 제目, 면目/ 식口, 출입口	
	11	121a ~ 132a	人, 手, 足	人간, 人형/ 手술, 선手/ 足구, 수足	
	12	133a ~ 144a	복습+놀이 학습	복습	
4집	13	145a ~ 156a	田, 石, 玉	유田, 대田/ 石공, 石굴암/ 백玉, 玉동자	한자 브로마이드 한자 카드
	14	157a ~ 168a	力, 大, 小	인力거, 풍力/ 大학생, 大가족/ 小아과, 小인국	
	15	169a ~ 180a	上, 中, 下	上의, 上행선/ 中국, 中심/ 下교, 下인	
	16	181a ~ 192a	복습+총괄 평가+놀이 학습	복습	

◆ 기탄한자 **B단계** 호별 학습 내용 및 부교재

집	호		학습 한자	학습 한자어	부교재
1집	1	1a ~ 12a	犬, 牛, 羊	충犬, 애犬/ 牛유, 牛마차/ 羊모, 백羊	한자 모형 놀이 한자 카드 한자어 카드
	2	13a ~ 24a	父, 母, 子	父모, 父자/ 母녀, 학부母/ 子녀, 여子	
	3	25a ~ 36a	生, 心, 身	生일, 선生/ 心신, 안心/ 身체, 身장	
	4	37a ~ 48a	복습+놀이 학습	복습	
2집	5	49a ~ 60a	車, 士, 己	車도, 자전車/ 군士, 박士/ 자己, 극己	한자 창열기 놀이 한자 카드 한자어 카드
	6	61a ~ 72a	自, 工, 門	自동차, 自연/ 목工, 工장/ 대門, 창門	
	7	73a ~ 84a	刀, 王, 白	단刀, 은장刀/ 王자, 국王/ 白지, 흑白	
	8	85a ~ 96a	복습+놀이 학습	복습	
3집	9	97a ~ 108a	魚, 貝, 鳥	인魚, 魚항/ 貝물, 貝총/ 백鳥, 길鳥	한자 파노라마 놀이 한자 카드 한자어 카드
	10	109a ~ 120a	主, 册, 雨	主인, 主객/ 册상, 공册/ 雨산, 雨의	
	11	121a ~ 132a	風, 里, 竹	風차, 강風/ 里장, 里정표/ 竹림, 竹도	
	12	133a ~ 144a	복습+놀이 학습	복습	
4집	13	145a ~ 156a	草, 花, 馬	약草, 草가/ 무궁花, 花원/ 경馬장, 馬부	한자 브로마이드 한자 카드
	14	157a ~ 168a	男, 女, 夕	男녀, 미男/ 少女, 선女/ 夕양, 추夕	
	15	169a ~ 180a	舌, 齒, 面	작舌차, 舌음/ 齒과, 충齒/ 가面, 수面	
	16	181a ~ 192a	복습+총괄 평가+놀이 학습	복습	

C·D단계 교재별 구성내용은 이렇습니다

◆ 기탄한자 C단계 호별 학습 내용 및 부교재

집	호		학습 한자	학습 한자어	부교재
1집	1	1a ~ 12a	文, 化, 言, 才	文인, 文신/ 化석, 문化/ 言어, 言론/ 다才, 천才	한자 맞추기 놀이 한자 카드 한자어 카드
	2	13a ~ 24a	兄, 弟, 交, 友	兄제, 학부兄/ 의형弟, 弟자/ 交통, 외交/ 交友, 전友	
	3	25a ~ 36a	多, 少, 血, 肉	多정, 多소/ 少녀, 노少/ 심血, 血육/ 肉식, 肉신	
	4	37a ~ 48a	복습+놀이 학습	복습	
2집	5	49a ~ 60a	出, 入, 內, 外	出구, 出생/ 入구, 出入/ 국內, 차內/ 외外, 內外	한자 병풍 놀이 한자 카드 한자어 카드
	6	61a ~ 72a	去, 來, 立, 坐	去래, 과去/ 來일, 미來/ 자立, 立동/ 정坐	
	7	73a ~ 84a	光, 明, 行, 步	光명, 풍光/ 문明, 明월/ 신行, 行진/ 步병, 步행	
	8	85a ~ 96a	복습+놀이 학습	복습	
3집	9	97a ~ 108a	天, 地, 江, 河	天사, 天국/ 천地, 地구/ 江산, 江촌/ 河천, 은河수	한자 주사위 놀이 한자 카드 한자어 카드
	10	109a ~ 120a	毛, 皮, 角, 蟲	毛피, 양毛/ 목皮, 皮혁/ 녹角, 직角/ 초蟲, 해蟲	
	11	121a ~ 132a	古, 今, 衣, 食	古목, 古서/ 고今, 今일/ 우衣, 하衣/ 외食, 초食	
	12	133a ~ 144a	복습+놀이 학습	복습	
4집	13	145a ~ 156a	君, 臣, 兵, 卒	君주, 君신/ 臣하, 충臣/ 兵사, 兵력/ 卒병, 卒업	한자 브로마이드 한자 카드
	14	157a ~ 168a	方, 向, 左, 右	지方, 方향/ 풍向, 남向/ 左우, 左향左/ 右회전, 左右명	
	15	169a ~ 180a	本, 末, 分, 合	근本, 本인/ 末일, 本末/ 分교, 分수/ 合창, 合심	
	16	181a ~ 192a	복습+총괄 평가+놀이 학습	복습	

◆ 기탄한자 D단계 호별 학습 내용 및 부교재

집	호		학습 한자	학습 한자어	부교재
1집	1	1a ~ 12a	靑, 赤, 音, 色	靑산, 靑년/ 赤색, 赤십자/ 音악, 音색/ 백色, 色지	한자 맞추기 놀이 한자 카드 한자어 카드
	2	13a ~ 24a	住, 所, 姓, 名	의식住, 住택/ 所감, 장所/ 姓통, 백姓/ 名작, 지名	
	3	25a ~ 36a	利, 用, 有, 無	利용, 예利/ 공用, 식用/ 有명, 소有/ 無인도, 無례	
	4	37a ~ 48a	복습+놀이 학습	복습	
2집	5	49a ~ 60a	公, 平, 意, 思	公공, 公무원/ 平화, 平야/ 意견, 동意/ 思고, 思상	한자 병풍 놀이 한자 카드 한자어 카드
	6	61a ~ 72a	老, 弱, 貧, 富	老인, 원老/ 弱세, 노弱/ 貧약, 貧혈/ 富귀, 富자	
	7	73a ~ 84a	正, 直, 忠, 孝	正직, 正답/ 直선, 直각/ 忠성, 忠언/ 孝도, 孝녀	
	8	85a ~ 96a	복습+놀이 학습	복습	
3집	9	97a ~ 108a	前, 後, 走, 止	역前, 오前/ 오後, 식後/ 활走로, 경走/ 止혈, 금止	한자 주사위 놀이 한자 카드 한자어 카드
	10	109a ~ 120a	法, 道, 完, 全	法률, 法원/ 道로, 道덕/ 完승, 完성/ 全국, 안全	
	11	121a ~ 132a	善, 惡, 長, 短	善악, 善행/ 惡마, 惡몽/ 長검, 사長/ 장短, 短명	
	12	133a ~ 144a	복습+놀이 학습	복습	
4집	13	145a ~ 156a	世, 界, 國, 家	世계, 출世/ 외界, 정界/ 國왕, 國어/ 家족, 작家	한자 브로마이드 한자 카드
	14	157a ~ 168a	東, 西, 見, 聞	東서남북, 東해/ 西구, 西부/ 발見, 見학/ 신聞, 풍聞	
	15	169a ~ 180a	南, 北, 兒, 童	南극, 南대문/ 北극, 北상/ 유兒, 兒동/ 목童, 童화	
	16	181a ~ 192a	복습+총괄 평가+놀이 학습	복습	

구성내용

E단계 교재별 구성내용은 이렇습니다

◆ 기탄교과서한자 **E단계** 호별 학습 내용 및 부교재

집	호	학습 한자	학습 한자어		심화 영역		부교재
1집	1	1a~16a	寸 京 品 市	寸 : 四寸, 外三寸, 四寸間 品 : 食品, 用品, 作品	京 : 上京, 京畿道, 京仁線 市 : 市內, 市場, 市立	창작동화	소중한 지폐 한 장 1	한자 카드 쓰기보따리 형성평가
						고사성어	水魚之交	
						시	사랑스런 추억 - 윤동주	
	2	17a~32a	巨 具 各 曲	巨 : 巨人, 巨大, 巨木 各 : 各各, 各自, 各國	具 : 家具, 道具, 用具 曲 : 作曲, 曲線, 行進曲	창작동화	소중한 지폐 한 장 2	
						고사성어	他山之石	
						시	봄 - 빅토르 위고	
	3	33a~48a	可 由 原 因	可 : 可能, 可決, 不可能 原 : 原子力, 原因, 草原	由 : 自由, 由來, 理由 因 : 原因, 因果, 要因	창작동화	슬기로운 재판 1	
						고사성어	見物生心	
						시	절정 - 이육사	
	4	49a~64a	복습	복습		창작동화	슬기로운 재판 2	
						고사성어	漁夫之利	
						시	동방의 등불 - 타고르	
2집	5	65a~80a	同 求 失 反	同 : 同生, 同行, 合同 失 : 失手, 失明, 失言	求 : 求心力, 要求, 求人 反 : 反面, 反省, 反共	창작동화	닭이 사람과 함께 살게 된 이유 1	한자 카드 쓰기보따리 형성평가
						고사성어	五十步百步	
						시	접동새 - 김소월	
	6	81a~96a	告 共 首 民	告 : 忠告, 原告, 告白 首 : 自首, 首弟子, 首相	共 : 共同, 公共, 共生 民 : 市民, 國民, 民心	창작동화	닭이 사람과 함께 살게 된 이유 2	
						고사성어	登龍門	
						시	눈 내린 아침 - 이인로	
	7	97a~112a	元 先 年 回	元 : 元日, 元金, 元來 年 : 少年, 靑年, 一年	先 : 先生, 先山, 先王 回 : 一回用品, 河回, 回轉	창작동화	쇠를 먹는 쥐 1	
						고사성어	馬耳東風	
						시	눈 오는 저녁 - 김소월	
	8	113a~128a	복습	복습		창작동화	쇠를 먹는 쥐 2	
						고사성어	白眉	
						시	만돌이 - 윤동주	
3집	9	129a~144a	不 非 未 必	不 : 不足, 不公平, 不平 未 : 未安, 未來, 未完成	非 : 非行, 是非, 非常口 必 : 必要, 生必品, 不必要	창작동화	세 친구 1	한자 카드 쓰기보따리 형성평가
						고사성어	多多益善	
						시	삶이 그대를 속일지라도 - 푸슈킨	
	10	145a~160a	知 加 字 幸	知 : 知人, 知己, 告知 字 : 文字, 數字, 十字	加 : 加入, 加味, 加工 幸 : 多幸, 不幸, 幸福	창작동화	세 친구 2	
						고사성어	聞一知十	
						시	집 - 김영랑	
	11	161a~176a	表 形 味 香	表 : 表面, 表情, 表明 味 : 意味, 風味, 口味	形 : 人形, 三角形, 地形 香 : 香水, 香氣, 香	창작동화	꿀강아지 1	
						고사성어	知音	
						시	올벼 고개 숙이고 - 이현보	
	12	177a~192a	복습	복습		창작동화	꿀강아지 2	
						고사성어	竹馬故友	
						시	행복 - 한용운	
4집	13	193a~208a	星 軍 相 和	星 : 行星, 天王星, 北斗七星 相 : 首相, 人相, 色相	軍 : 軍人, 國軍, 軍士 和 : 平和, 和音, 共和國	창작동화	흰 코끼리의 전설	한자 카드 쓰기보따리 형성평가
						고사성어	千里眼	
						시	나그네의 밤 노래 - 괴테	
	14	209a~224a	單 別 命 祖	單 : 單元, 名單, 食單 命 : 生命, 人命, 命令	別 : 別名, 別世, 分別 祖 : 先祖, 祖上, 祖父母	창작동화	뱀이 기어 다니게 된 이유 1	
						고사성어	朝三暮四	
						시	말 없는 청산이오 - 성혼	
	15	225a~240a	居 章 異 再	居 : 住居, 居室, 同居 異 : 異常, 異意, 大同小異	章 : 文章, 圖章, 樂章 再 : 再生, 再活用, 再三	창작동화	뱀이 기어 다니게 된 이유 2	
						고사성어	一擧兩得	
						시	〈사랑〉을 사랑하여요 - 한용운	
	16	241a~256a	복습	복습		창작동화	뱀이 기어 다니게 된 이유 3	
						고사성어	溫故知新	
						시	삶의 아침인사 - 애너 리티셔 바볼드	

F단계 교재별 구성내용은 이렇습니다

◆ 기탄교과서한자 F단계 호별 학습 내용 및 부교재

집	호	학습 한자	학습 한자어		심화 영역		부교재
1집	1	1a~16a	仁 仙 信 休	仁: 仁川, 仁祖, 仁君 信: 信用, 自信, 信念	仙: 仙女, 水仙花, 仙人 休: 公休日, 休火山, 休息	창작동화	달밤에 얻은 행운 1	한자 카드 쓰기보따리 형성평가
						고사성어	天高馬肥	
						전래동화	빨간부채 파란부채	
	2	17a~32a	安 宅 官 容	安: 未安, 安心, 安全 官: 法官, 官家, 外交官	宅: 住宅, 自宅, 宅地 容: 容恕, 內容, 美容	창작동화	달밤에 얻은 행운 2	
						고사성어	大器晩成	
						전래동화	사만년을 산 사람	
	3	33a~48a	海 洋 漁 洗	海: 地中海, 東海, 海外 漁: 漁夫, 漁村, 出漁	洋: 東洋, 西洋, 海洋 洗: 洗手, 洗車, 洗面	창작동화	백일홍이야기 1	
						고사성어	孟母三遷	
						전래동화	소금을 만드는 맷돌	
	4	49a~64a	복습	복습		창작동화	백일홍이야기 2	
						고사성어	蛇足	
						전래동화	우렁각시	
2집	5	65a~80a	他 位 俗 保	他: 他人, 他地, 自他 俗: 民俗, 風俗, 世俗	位: 方位, 品位, 單位 保: 保全, 安保, 保有	창작동화	꾀 많은 장님 1	한자 카드 쓰기보따리 형성평가
						고사성어	梁上君子	
						전래동화	꼭두각시와 목도령	
	6	81a~96a	守 室 客 定	守: 守則, 保守, 守兵 客: 主客, 客室, 客地	室: 室內, 居室, 王室 定: 一定, 決定, 安定	창작동화	꾀 많은 장님 2	
						고사성어	良藥苦於口	
						전래동화	잊으라 한 건 안 잊고	
	7	97a~112a	林 村 材 校	林: 山林, 國有林, 竹林 材: 木材, 石材, 人材	村: 山村, 漁村, 民俗村 校: 下校, 校長, 校門	창작동화	바보 영웅 이야기 1	
						고사성어	座右銘	
						전래동화	반쪽이	
	8	113a~128a	복습	복습		창작동화	바보 영웅 이야기 2	
						고사성어	矛盾	
						전래동화	고양이와 푸른 구슬	
3집	9	129a~144a	決 洞 注 流	決: 決定, 決心, 可決 注: 注文, 注意, 注目	洞: 洞口, 洞長, 仁寺洞 流: 上流, 交流, 流行	창작동화	괴물 잡은 이발사	한자 카드 쓰기보따리 형성평가
						고사성어	同床異夢	
						전래동화	임자가 따로 있는 요술 궤짝	
	10	145a~160a	便 作 使 代	便: 便利, 便安, 大便 使: 使用, 天使, 使臣	作: 作心三日, 作用, 作品 代: 古代, 代表, 代身	창작동화	수수께끼 하나	
						고사성어	結草報恩	
						전래동화	배나무골 이도령	
	11	161a~176a	念 志 感 想	念: 信念, 記念, 一念 感: 共感, 自信感, 所感	志: 意志, 同志, 志士 想: 回想, 思想, 感想	창작동화	행운을 찾아다니는 사나이 1	
						고사성어	井中之蛙	
						전래동화	하늘 나라 밭 구경	
	12	177a~192a	복습	복습		창작동화	행운을 찾아다니는 사나이 2	
						고사성어	近墨者黑	
						전래동화	송뭉치 꼬리가 된 토끼	
4집	13	193a~208a	計 記 語 詩	計: 時計, 合計, 生計 語: 用語, 國語, 言語	記: 日記, 記入, 記念 詩: 童詩, 詩人, 三行詩	창작동화	그림자 없는 탑 1	한자 카드 쓰기보따리 형성평가
						고사성어	有備無患	
						전래동화	은혜 깊은 까치	
	14	209a~224a	情 性 進 造	情: 人情, 友情, 心情 進: 行進, 進出, 先進國	性: 性品, 性情, 女性 造: 造成, 造形, 人造	창작동화	그림자 없는 탑 2	
						고사성어	走馬看山	
						전래동화	두 개가 된 금덩이	
	15	225a~240a	始 好 雲 雪	始: 始作, 元始, 始祖 雲: 星雲, 白雲, 靑雲	好: 同好人, 好意, 好感 雪: 白雪, 雪景, 雪山	창작동화	그림자 없는 탑 3	
						고사성어	螢雪之功	
						전래동화	구렁이 신랑	
	16	241a~256a	복습	복습		창작동화	그림자 없는 탑 4	
						고사성어	苦盡甘來	
						전래동화	바리공주	

구성내용

G단계 교재별 구성내용은 이렇습니다

◆ 기탄교과서한자 G단계 호별 학습 내용 및 부교재

집	호		학습 한자	학습 한자어	심화 영역		부교재
1집	1	1a~16a	果實夫婦美	果:成果, 果實, 靑果, 無花果 實:行實, 實力, 實生活, 口實 夫:工夫, 夫子, 夫人, 漁夫 婦:主婦, 夫婦, 婦人, 婦女子 美:美化員, 美國人, 美人, 美化	인물	마크 트웨인	한자 카드 쓰기보따리 형성평가
					창작동화	소가 골라준 새 신랑 1	
					고사성어	改過遷善	
					기사문	돈 더 버는 아내 집안일 더 한다	
	2	17a~32a	重要活動得	重:重要, 所重, 貴重, 重大 要:必要, 主要, 要求, 要所 活:活用, 生活, 活字, 活力 動:活動, 行動, 動力, 動作 得:所得, 利得, 得失	인물	어니스트 톰슨 시튼	
					창작동화	소가 골라준 새 신랑 2	
					고사성어	錦衣還鄕	
					기사문	컬러식품 좋아좋아	
	3	33a~48a	夜景成功者	夜:夜食, 白夜, 夜光, 夜行 景:風景, 光景, 山景, 雪景 成:成長, 作成, 合成, 完成 功:成功, 功臣, 年功, 功力 者:記者, 富者, 步行者, 老弱者	인물	에디슨	
					창작동화	소가 골라준 새 신랑 3	
					고사성어	管鮑之交	
					기사문	日 간사이 5색 체험관광	
	4	49a~64a	복습	복습	인물	퀴리부인	
					창작동화	소가 골라준 새 신랑 4	
					고사성어	刻舟求劍	
					기사문	재교육기관 노크 해보자	
2집	5	65a~80a	時間空氣集	時:日時, 時代, 同時, 時計 間:人間, 山間, 時間, 中間 空:空中, 空間, 空册, 空想 氣:空氣, 香氣, 日氣, 大氣 集:文集, 集中, 詩集, 集合	인물	장영실	한자 카드 쓰기보따리 형성평가
					창작동화	거짓말 시합 1	
					고사성어	刮目相對	
					기사문	귀성길 차 안에서 게임 한판	
	6	81a~96a	現在協商事	現:表現, 現金, 現地, 出現 在:現在, 所在, 在京, 在來 協:協同, 協力, 協心, 協定 商:商人, 商品, 商去來, 協商 事:人事, 行事, 工事, 記事	인물	록펠러	
					창작동화	거짓말 시합 2	
					고사성어	吳越同舟	
					기사문	폴크스바겐 노·사 대협상	
	7	97a~112a	社會技能部	社:社長, 會社, 社交, 入社 會:大會, 社會, 面會, 立會 技:長技, 技法, 技術, 技能 能:技能, 能力, 可能, 才能 部:部分, 一部分, 外部, 一部	인물	콜럼버스	
					창작동화	말 잘 듣는 효자 1	
					고사성어	羊頭狗肉	
					기사문	국가중대사 국민합의가 필요	
	8	113a~128a	복습	복습	인물	앙리 뒤낭	
					창작동화	말 잘 듣는 효자 2	
					고사성어	完璧	
					기사문	시동 걸면 주행정보 쫙~	
3집	9	129a~144a	問答登場省	問:問安, 問題, 反問 答:問答, 答信, 正答, 回答 登:登山, 登校, 登用 場:市場, 工場, 入場, 場面 省:反省, 自省, 省墓	인물	리스트	한자 카드 쓰기보따리 형성평가
					창작동화	냄새 맡은 값 1	
					고사성어	指鹿爲馬	
					기사문	침체의 잠에 취한 라인강의 기적	
	10	145a~160a	春夏秋冬溫	春:春川, 春香, 立春, 靑春 夏:立夏, 夏至, 夏秋 秋:秋夕, 秋風, 春秋 冬:冬至, 立冬, 春夏秋冬 溫:氣溫, 溫室, 溫水	인물	김홍도	
					창작동화	냄새 맡은 값 2	
					고사성어	塞翁之馬	
					기사문	스키장 잘 넘어져야 안 다친다	
	11	161a~176a	貴愛病死敬	貴:貴重, 高貴, 富貴, 貴人 愛:友愛, 愛國, 愛人, 愛犬 病:問病, 白血病, 病室, 病名 死:生死, 死亡者, 不死身, 病死 敬:恭敬, 敬老, 敬老席, 敬語	인물	안중근	
					창작동화	아버지의 유서 1	
					고사성어	難兄難弟	
					기사문	은행나무 천국 부석사 가는길	
	12	177a~192a	복습	복습	인물	황희	
					창작동화	아버지의 유서 2	
					고사성어	四面楚歌	
					기사문	서울과 워싱턴 마음을 열 때가	
4집	13	193a~208a	物件發電書	物:古物, 文物, 人物 件:物件, 事件, 用件 發:發生, 出發, 發明, 發見 電:電力, 電子, 電車, 電氣 書:文書, 古書, 書名	인물	벤자민 프랭클린	한자 카드 쓰기보따리 형성평가
					창작동화	선행과 쾌락 1	
					고사성어	三顧草廬	
					기사문	대한민국은 배달천국	
	14	209a~224a	高低苦樂朝	高:高音, 高溫, 高貴, 高見 低:低溫, 低下, 低利, 低學年 苦:苦生, 苦心, 苦行 樂:音樂, 安樂, 樂山 朝:王朝, 朝夕, 朝會	인물	루소	
					창작동화	선행과 쾌락 2	
					고사성어	脣亡齒寒	
					기사문	중소기업 그곳에도 길이 있다	
	15	225a~240a	眞理學習賞	眞:眞情, 眞空, 眞心 理:心理, 原理, 眞理, 一理 學:學年, 學生, 入學, 見學 習:學習, 風習, 自習 賞:賞品, 孝行賞, 大賞, 賞金	인물	전봉준	
					창작동화	아가씨와 우유 1	
					고사성어	守株待兎	
					기사문	들리지! 눈 쌓은 숲 생명의 소리	
	16	241a~256a	복습	복습	인물	뢴트겐	
					창작동화	아가씨와 우유 2	
					고사성어	臥薪嘗膽	
					기사문	물건값 계산 … 악도 그리기 …	

학부모 여러분, 〈기탄한자〉는 이렇게 지도해 주세요

1. 학습자의 능력보다 낮은 단계에서 시작하세요.

기탄한자 A~G단계는 기초 한자부터 초등학교 교과서에 쓰인 한자어를 학습하는 프로그램입니다. 한글을 아는 유아에서부터 한자 학습의 경험이 있는 초등학교 6학년 학생을 대상으로 개발되었습니다. 그러나 한자 학습의 경험이 있는 아이라도, 학습자의 경험이나 능력보다 낮은 단계에서 시작하는 것이 바람직합니다. 특히 각 단계의 1집부터 순차적으로 학습해 나가는 것은 매우 중요합니다. 간혹 학부모님의 판단에 따라 단계의 생략은 가능하지만 2, 3집부터 시작하는 것은 옳지 않은 진도 진행입니다. 아이가 학습에 부담을 느끼지 않고 한자 공부는 쉽고 재미있다는 느낌을 가질 수 있도록 A단계 1집에서부터 시작하는 것이 가장 이상적인 출발점입니다.

2. 복습호는 반드시 부모님이 함께 해 주세요.

각 집(권)마다 앞서 배운 한자의 복습호가 구성되어 있습니다. 복습호에서는 항상 형성평가를 실시하여 학습 수용도를 점검합니다. 이 때 부모님이 반드시 채점을 해 주시고, 결과에 따라 적절한 칭찬과 동기유발이 필요합니다. 또 복습주마다 구성된 놀잇감(A~D단계)으로 아이와 함께 놀아 주세요.

3. 교재 구입 즉시 분책하여 사용하세요.

〈기탄한자〉는 구입 즉시 분책하여 사용할 수 있도록 매주 학습할 분량이 별도의 책으로 특수제본(4in1시스템)되어 있습니다. 보통 책은 1번 제본하는 것으로 끝나지만 〈기탄한자〉는 무려 5번의 제본 과정을 거쳐 제작되었습니다. 각 호가 끝날 때마다 새 책으로 공부하게 되므로 아이에게 성취감과 기대감을 갖게 하고 학습 효과도 극대화시켜 줍니다.

4. 매일 일정한 시간에 규칙적으로 학습하게 하세요.

하루 5~10분을 학습하더라도 규칙적으로 학습하는 것이 중요합니다. 1호 분량이 1주일(5일) 학습 분량이므로 한 번에 억지로 하지 않게 하고, 반대로 너무 많은 양을 한꺼번에 하는 것도 좋지 않습니다. 어렸을 때부터 조금씩 매일 매일 공부하는 습관을 길러 주도록 합니다.

5. 부모님이 직접 지도해 주세요.

〈기탄한자〉는 교사 방문 학습지와는 달리 아이 스스로 공부하고 부모님이 체크하는 자율적인 학습 모델을 채택하고 있습니다. 따라서 타 학습지 회사에서는 지도교사에게만 제공하는 지도 지침을 해당 호에 상세히 실었습니다. 각 호의 첫 장에 실린 '이렇게 도와주세요', '이번 주 학습포인트'에서는 한 주 동안의 지도 요점이 기재되어 있고, 각 페이지의 하단에도 지도 요점, 주의 사항 등을 기재하였습니다. 학부모님들이 〈기탄한자〉의 기획의도, 학습목표, 지도방법 등을 쉽게 이해하고 아이들에게 가르치기 편하도록 최대한 배려하였습니다.

6. 이미 익힌 한자는 아이가 실생활 속에서 활용하게 하세요.

아이가 이미 익힌 한자는 실생활 속에서 최대한 많은 사용 기회를 갖게 해 줍니다. 알았던 한자도 오랫동안 사용하지 않으면 잊혀지게 됩니다. 학습된 한자를 신문, 책, 대중매체, 인쇄물 등을 활용하여 확인하게 하고 글을 쓸 때 알고 있는 한자로 표현해 볼 기회를 자주 갖도록 합니다.

단계별 학습 한자와 한자능력검정시험 급수 배정 안내

단계	학습 한자	급수 응시 가이드
A단계	• 8급 : 山, 日, 月, 火, 水, 木, 金, 土, 一, 二, 三, 四, 五, 六, 七, 八, 九, 十, 人, 大, 小, 中 • 7급 : 川, 百, 千, 口, 手, 足, 力, 上, 下 • 6급 · 6급Ⅱ : 目, 石 • 5급 : 耳 • 4급Ⅱ : 田, 玉	A단계에서는 상형자, 지사자 중심의 기초한자 36자를 익혔습니다. 이는 한자능력검정시험 배정한자 중 **8급, 7급 배정한자 31자**와 **상위급수 한자 5자**가 포함됩니다. 학습자의 학년, 나이, 학습수용도에 따라 8급, 7급 이내에서 응시용 수험서(기탄급수한자 빨리따기)로 준비한 후 자격증 취득에 도전해 보세요.
B단계	• 8급 : 父, 母, 生, 門, 王, 白, 女 • 7급 : 子, 心, 車, 自, 工, 主, 里, 草, 花, 男, 夕, 面 • 6급 · 6급Ⅱ : 身, 風 • 5급 : 牛, 士, 己, 魚, 雨, 馬 • 4급Ⅱ : 羊, 鳥, 竹, 齒 • 4급 : 犬, 册, 舌 • 3급Ⅱ : 刀 • 3급 : 貝	B단계에서는 상형자, 지사자 중심의 기초한자 36자를 익혔습니다. 이는 A단계 학습 한자부터 누적하면 한자능력검정시험 배정한자 중 **8급, 7급 배정한자 50자**와 **상위급수 한자 22자**가 포함됩니다. 학습자의 학년, 나이, 학습수용도에 따라 8급, 7급 이내에서 응시용 수험서(기탄급수한자 빨리따기)로 준비한 후 자격증 취득에 도전해 보세요.
C단계	• 8급 : 兄, 弟, 外 • 7급 : 文, 少, 出, 入, 内, 來, 立, 天, 地, 江, 食, 方, 左, 右 • 6급 · 6급Ⅱ : 言, 才, 交, 多, 光, 明, 行, 角, 古, 今, 衣, 向, 本, 分, 合 • 5급 : 化, 友, 去, 河, 臣, 兵, 卒, 末 • 4급Ⅱ : 血, 肉, 步, 毛, 蟲 • 4급 : 君 • 3급Ⅱ : 坐, 皮	C단계에서는 형성자, 회의자를 중심으로 48자의 기초한자를 익혔습니다. 이는 A단계 학습 한자부터 누적하면 한자능력검정시험 배정한자 중 **7급 배정한자 67자, 6급 · 6급Ⅱ 배정한자 86자**와 **상위급수 한자 34자**를 익혔습니다. 학습자의 학년, 나이, 학습수용도에 따라 7급, 6급 · 6급Ⅱ 이내에서 응시용 수험서(기탄급수한자 빨리따기)로 준비한 후 자격증 취득에 도전해 보세요.
D단계	• 8급 : 靑, 長, 國, 東, 西, 南, 北 • 7급 : 色, 住, 所, 姓, 名, 有, 平, 老, 正, 直, 孝, 前, 後, 道, 全, 世, 家 • 6급 · 6급Ⅱ : 音, 利, 用, 公, 意, 弱, 短, 界, 聞, 童 • 5급 : 赤, 無, 思, 止, 法, 完, 善, 惡, 見, 兒 • 4급Ⅱ : 貧, 富, 忠, 走	D단계에서는 형성자, 회의자를 중심으로 48자의 기초한자를 익혔습니다. 이는 A단계 학습 한자부터 누적하면 한자능력검정시험 배정한자 중 **7급 배정한자 91자, 6급 · 6급Ⅱ 배정한자 120자**와 **상위급수 한자 48자**를 익혔습니다. 학습자의 학년, 나이, 학습수용도에 따라 7급, 6급 · 6급Ⅱ 이내에서 응시용 수험서(기탄급수한자 빨리따기)로 준비한 후 자격증 취득에 도전해 보세요.
E단계	• 8급 : 寸, 民, 先, 年, 軍 • 7급 : 市, 同, 不, 字, 命, 祖 • 6급 · 6급Ⅱ : 京, 各, 由, 失, 反, 共, 幸, 表, 形, 和, 別, 章 • 5급 : 品, 具, 曲, 可, 原, 因, 告, 首, 元, 必, 知, 加, 相, 再 • 4급Ⅱ : 求, 回, 非, 未, 味, 香, 星, 單 • 4급 : 巨, 居, 異	E단계에서는 형성자, 회의자를 중심으로 48자의 필수한자를 익혔습니다. 이는 A단계 학습 한자부터 누적하면 한자능력검정시험 배정한자 중 **7급 배정한자 102자, 6급 · 6급Ⅱ 배정한자 143자**와 **상위급수 한자 73자**를 익혔습니다. 학습자의 학년, 나이, 학습수용도에 따라 6급 · 6급Ⅱ, 5급 이내에서 응시용 수험서(기탄급수한자 빨리따기)로 준비한 후 자격증 취득에 도전해 보세요.
F단계	• 8급 : 室, 校 • 7급 : 休, 安, 海, 林, 村, 洞, 便, 記, 語 • 6급 · 6급Ⅱ : 信, 洋, 定, 注, 作, 使, 代, 感, 計, 始, 雪 • 5급 : 仙, 宅, 漁, 洗, 他, 位, 客, 材, 決, 流, 念, 情, 性, 雲 • 4급Ⅱ : 官, 容, 俗, 保, 守, 志, 想, 詩, 進, 造, 好 • 4급 : 仁	F단계에서는 형성자, 회의자를 중심으로 48자의 필수한자를 익혔습니다. 이는 A단계 학습 한자부터 누적하면 한자능력검정시험 배정한자 중 **7급 배정한자 113자, 6급 · 6급Ⅱ 배정한자 165자**와 **상위급수 한자 99자**를 익혔습니다. 학습자의 학년, 나이, 학습수용도에 따라 6급 · 6급Ⅱ, 5급 이내에서 응시용 수험서(기탄급수한자 빨리따기)로 준비한 후 자격증 취득에 도전해 보세요.
G단계	• 8급 : 學 • 7급 : 夫, 重, 活, 動, 時, 間, 空, 氣, 事, 問, 答, 登, 場, 春, 夏, 秋, 冬, 物, 電 • 6급 · 6급Ⅱ : 果, 美, 夜, 成, 功, 者, 集, 現, 在, 社, 會, 部, 省, 溫, 愛, 病, 死, 發, 書, 高, 苦, 樂, 朝, 理, 習 • 5급 : 實, 要, 景, 商, 技, 能, 貴, 敬, 件, 賞 • 4급Ⅱ : 婦, 得, 協, 低, 眞	G단계에서는 형성자, 회의자를 중심으로 60자의 필수한자를 익혔습니다. 이는 A단계 학습 한자부터 누적하면 한자능력검정시험 배정한자 중 **7급 배정한자 133자, 6급 · 6급Ⅱ 배정한자 210자**와 **상위급수 한자 114자**를 익혔습니다. 학습자의 학년, 나이, 학습수용도에 따라 6급 · 6급Ⅱ, 5급 이내에서 응시용 수험서(기탄급수한자 빨리따기)로 준비한 후 자격증 취득에 도전해 보세요.

※ 이 표는 기탄한자 학습 후 한자능력검정시험 자격증 취득의 연계를 위한 지침입니다. 학습자의 학습경험이나 상태에 따라 개별적인 지침이 달라질 수 있습니다.

9호

기탄교과서한자 G단계 3집 129a~144a

G3집
129a-192a

4 in 1 시스템

기탄교과서한자는 학습효과를 극대화하기 위해 매주 학습할 분량이 별도의 책으로 특수제본되어 있습니다.

본 교재는 1권의 책 속에 1주일 학습할 분량의 교재 4권이 들어 있는 4 in 1 시스템으로 제본되어 있습니다. 따라서 4권의 책으로 분리되는 것이 정상적인 제본이며, 호별로 빼내어 학습하시면 아주 효과적입니다.

G3집
9호
129a-144a

초등 교과서 한자어를 총체 분석한 어휘력 향상 한자 학습 프로그램

기탄 교과서 한자

공부한 날   월   일 ~   월   일
              교   반
이름   전화

www.gitan.co.kr

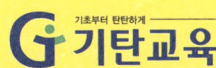

G단계 학습 한자 일람

	G단계						
1집	果, 實, 夫, 婦, 美	2집	時, 間, 空, 氣, 集	3집	問, 答, 登, 場, 省	4집	物, 件, 發, 電, 書
	重, 要, 活, 動, 得		現, 在, 協, 商, 事		春, 夏, 秋, 冬, 溫		高, 低, 苦, 樂, 朝
	夜, 景, 成, 功, 者		社, 會, 技, 能, 部		貴, 愛, 病, 死, 敬		眞, 理, 學, 習, 賞
	복습		복습		복습		복습

학습 진단 관리표

	한자		한자어		이번 주는
	읽기	쓰기	읽기	쓰기	
금주평가	Ⓐ 아주 잘함	Ⓐ 아주 잘함	Ⓐ 아주 잘함	Ⓐ 아주 잘함	● 학습방법 ❶ 매일매일 ❷ 가끔 ❸ 한꺼번에 하였습니다.
	Ⓑ 잘함	Ⓑ 잘함	Ⓑ 잘함	Ⓑ 잘함	● 학습태도 ❶ 스스로 잘 ❷ 시켜서 억지로 하였습니다.
	Ⓒ 보통	Ⓒ 보통	Ⓒ 보통	Ⓒ 보통	● 학습흥미 ❶ 재미있게 ❷ 싫증내며 하였습니다.
	Ⓓ 노력해야 함	Ⓓ 노력해야 함	Ⓓ 노력해야 함	Ⓓ 노력해야 함	● 교재내용 ❶ 적합하다고 ❷ 어렵다고 ❸ 쉽다고 하였습니다.
	지도 교사가 부모님께				부모님이 지도 교사께

종합평가   Ⓐ 아주 잘함   Ⓑ 잘함   Ⓒ 보통   Ⓓ 노력해야 함

1 일차 (129a~131b)
- 다시보기를 통하여 社, 會, 技, 能, 部의 훈, 음, 형, 한자어를 복습합니다.
- 이번 주에 학습할 問, 答, 登, 場, 省의 용례를 문장 속에서 찾아봅니다.
- 인물 이야기 '천재 피아니스트 리스트'를 읽고 이번 주 학습 한자를 찾아봅니다.

2 일차 (132a~134b)
- 알아보기를 통하여 問, 答의 3요소와 필순, 부수를 학습합니다.
- 만화로 고사성어 指鹿爲馬의 뜻과 쓰임을 알아보고 적절한 때 사용할 수 있습니다.

3 일차 (135a~138b)
- 알아보기를 통하여 登, 場, 省의 3요소와 필순, 부수를 학습합니다.
- 場의 간체자를 쓰고, 省의 두 가지 훈음을 익혀 적절하게 사용할 수 있습니다.
- 동화 '냄새 맡은 값'을 읽고 학습 한자를 이야기 속에서 활용해 익힙니다.

4 일차 (139a~141b)
- 한자 問, 答, 登, 場, 省을 다른 한자와 결합하여 한자어를 익힙니다.
- 알고 있는 한자와 결합하여 한자어를 만들어 보고, 造語(조어) 원리를 깨달을 수 있습니다.
- 신문 기사를 읽고 기사문 속에 한자의 3요소를 적용하여 학습합니다.

5 일차 (142a~144a)
- 이번 주에 학습한 한자, 한자어를 마무리합니다.
- 풀어보기를 통해 학습 한자를 정리하고 '사돈이 된 두 노인'을 읽어 봅니다.
- 형성평가를 풀이하여 한 주 학습의 성취도를 스스로 진단합니다.

1. 다음 빈 칸에 알맞은 훈음을 쓰세요.

社	훈: _____ 음: _____
會	훈: _____ 음: _____
能	훈: _____ 음: _____
部	훈: _____ 음: _____

2. 서로 관련 있는 것끼리 선으로 이으세요.

會 ・　　　　・ 月 부수 – 총 10획

技 ・　　　　・ 扌 부수 – 총 7획

能 ・　　　　・ 曰 부수 – 총 13획

部 ・　　　　・ 阝 부수 – 총 11획

3. 다음 보기 에서 알맞은 한자어를 찾아 쓰세요.

보기: 社長   長技   才能   部品

- 기계 따위의 전체의 한 부분을 이루는 물품 …… 部品
- 가장 능한 재주 …… 長技
- 회사의 대표자 …… 社長
- 재주와 능력 …… 才能

4. 다음 보기 에서 알맞은 음을 찾아 쓰세요.

보기: 생활   민주   사회   의견

여러 사람과 더불어 사회 生活[생][활]을 하다 보면, 서로 의견과 주장이 달라 문제가 생길 경우가 있습니다. 서로 意見[의][견]이 다른 사람들이 양보하고 타협하여 문제를 해결하는 社會[사][회]가 民主[민][주] 사회입니다.

問, 答이 쓰인 문장을 읽고 빈 칸에 한자어의 음을 쓰세요.

· 아침 저녁으로 **問安(문안)** 인사를 드립니다.
· 부모님께서 부르시면 곧 대답을 하고 빨리 달려갑니다.

선생님의 질문에 우리들 중 누구도 **正答(정답)**을 알고 있는 사람은 없었다.

安 : 편안 안(F1-2)   正 : 바를 정(D2-7)

登, 場이 쓰인 문장을 읽고 빈 칸에 한자어의 음을 쓰세요.

아빠가 다니는 회사에서 주 5일 근무제가 시행된 후 우리 가족은 주말마다 **登山(등산)**을 합니다.

요즈음에는 한겨울에도 김칫거리를 쉽게 살 수 있고 김치를 대량으로 생산하는 **工場(공장)**이 생겨나면서 김장을 하는 가정이 점점 줄어들고 있다.

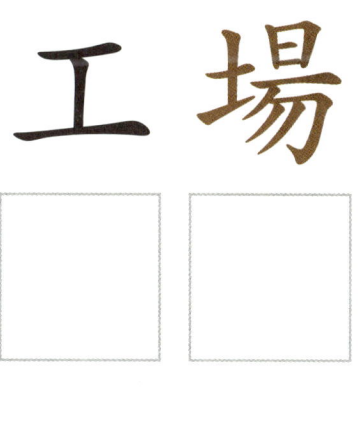

확인하기 山 : 산/뫼 산(A1-1)   工 : 장인 공(B2-6)

省이 쓰인 문장을 읽고 빈 칸에 한자어의 음을 쓰세요.

민혁이는 학급회의에서 상민이의 의견을 존중하지 않은 점에 대해 **反省(반성)**했습니다.

問, 答, 登, 場, 省이 쓰인 한자어의 음을 읽어 보세요.

| 問安 | 문안 | 正答 | 정답 | 登山 | 등산 |
| 工場 | 공장 | 反省 | 반성 |

反 : 돌이킬 반(E2-5)   安 : 편안 안(F1-2)   正 : 바를 정(D2-7)   山 : 산/뫼 산(A1-1)   工 : 장인 공(B2-6)

人物 이야기로 배우는 漢字

🌙 인물 이야기를 통해 問, 答, 登, 場, 省의 훈음을 알아보세요.

천재 피아니스트 리스트

리스트는 헝가리의 피아니스트이자 작곡가입니다. 어릴 적부터 유명한 음악가의 연주를 훌륭히 해냈을 정도로 뛰어난 실력을 가진 피아니스트였습니다. 리스트는 도시와 시골의 여러 마을을 다니며 공연을 했습니다. 이 이야기는 리스트가 한 시골 마을에 갔을 때의 일화입니다. 당시 너무나 유명한 피아니스트의 등장(登場)으로 마을 사람들은 모두 들떠 있었습니다. 그리고 또 하나의 소문이 파다하게 번져 나갔습니다. 바로 리스트의 여자 제자가 연주회를 한다는 소문이었지요. 하지만 그것은 사실이 아니었지요. 이 소문은 리스트의 귀에도 들어갔습니다. 그 날 밤 한 여인이 리스트를 찾아왔습니다.

"정말 죄송합니다. 제가 거짓말을 했습니다."

리스트가 그 이유를 묻자(問) 여인이 답(答)했습니다.

"저같이 이름 없는 피아니스트의 연주에는 아무도 귀를 기울이지 않아서 선생님의 이름을 팔았습니다." 그 여인은 진심으로 반성(省)하는 듯했습니다. 그러자 리스트는 그 여인에게 연주를 해 보라고 했습니다. 그리고 연주가 끝나자 세심하게 고칠 부분을 일러 주고는 이렇게 말했답니다.

"당신은 이제 나의 제자가 되었소. 그러니 내일 연주회에서 당당히 리스트의 제자로서 연주하기 바라오."

問 : 물을 문   答 : 대답할 답   登 : 오를 등   場 : 마당 장   省 : 살필/덜 성/생

리스트 [Franz von Liszt, 1811.10.22~1886.7.31]
헝가리의 피아노 연주자, 작곡가입니다. 6세 때부터 아버지에게 피아노를 배우고, 1820년 프레스부르크에서 독주회를 가져 천재의 출현이라는 평을 받았습니다. 은퇴를 하는 1847년까지 유럽을 돌며 연주 여행을 다녔으며 이후에는 지휘자·작곡가·교육가·사회활동가로 폭넓게 활동하였습니다. 대표적인 곡으로는 《헝가리 광시곡》《순례의 해》 등이 있으며 많은 피아노곡과 교향시를 남겼습니다.

問알아보기

📖 問의 훈과 음을 읽어 보세요.

훈 : 물을 음 : 문

🔍 問이 만들어진 유래를 알아보세요.

門 + 口 → 問

문 문   입 구

門(문 문)과 口(입 구)를 합한 한자입니다. 입(口)으로 무엇인가를 이야기하는 것에서 묻는다라는 뜻을 나타내었고, 門이 그대로 음이 되었습니다.

✏️ 빈 칸에 알맞게 쓰세요.

問은 [   ] (문 문) 과 [   ] (입 구) 를 합한 한자로
훈은 [   ] 이고, 음은 [   ] 입니다.

확인하기 門 : 문 문(B2-6)   口 : 입 구(A3-10)   • 問의 자원은 대문에서 남에게 무엇인가를 묻는 모습이라는 견해도 있습니다.

🌙 問의 부수와 총획수를 알아보고 빈 칸에 알맞게 쓰세요.

問
물을 문

부수 - 口   총획 - 11획

▶ 口는 '입 구' 입니다.

· 問의 훈은 ☐ 이고, 음은 ☐ 입니다.
· 問의 부수는 ☐ 이고, 총획은 ☐ 입니다.

✏️ 問의 필순을 알아보고 알맞게 쓰세요.

丨 冂 冂 冃 冃 門 門 門 問 問 問

問 問 問 問

问 问 问 问

확인하기 • 问은 問의 간체자입니다. 간체자(簡體字)는 중국에서 필획이 많고 복잡한 본래의 정자체를 줄여서 간단히 만든 한자를 말합니다. 곧 중국에서는 問을 问으로 표기합니다.

答의 훈과 음을 읽어 보세요.

훈 : 대답할   음 : 답

答이 만들어진 유래를 알아보세요.

竹 + 合 → 答

대나무 죽   합할 합

竹(대나무 죽)과 合(합할 합)을 합한 한자입니다. 대나무의 모양을 본뜬 竹과 뚜껑을 덮은 그릇 모양을 본뜬 合을 더하여 본래는 울타리 수리에 필요한 대나무끈을 나타내었으나, 뜻이 확대되어 대답하다, 갚다, 맞다를 뜻하게 되었습니다. 合(합 → 답)이 음부분으로 되었습니다.

빈 칸에 알맞게 쓰세요.

答은 [　　](대나무 죽)과 [　　](합할 합)을 합한 한자로

훈은 [　　]이고, 음은 [　　]입니다.

竹 : 대나무 죽(B3-11)   合 : 합할 합(C4-15)

🌙 答의 부수와 총획수를 알아보고 빈 칸에 알맞게 쓰세요.

答
대답할 답

부수 - 竹   총획 - 12획

▶ 竹은 '대나무 죽' 입니다.
▶ 竹은 한자의 위쪽에 쓰이면 '대죽 머리'로 읽습니다.

· 答의 **훈**은 ☐ 이고, **음**은 ☐ 입니다.
· 答의 **부수**는 ☐ 이고, **총획**은 ☐ 입니다.

✏️ 答의 필순을 알아보고 알맞게 쓰세요.

[확인하기] · 問(물을 문)과 答은 서로 상대적인 뜻을 가진 한자입니다.

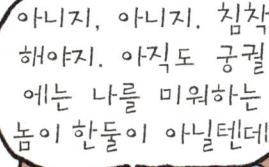

指: 가리킬 지 鹿: 사슴 록 爲: 할 위 馬: 말 마

사슴을 가리켜 말이라 한다는 뜻으로, 윗사람을 농락하고 권세를 함부로 부리는 것을 비유하는 말입니다. 진나라의 환관 조고가 신하들이 자기를 따라 주지 않을까봐 사슴을 가리켜 말이라 하며 여러 중신들을 시험하였다는 고사에서 유래되어진 성어입니다.

📖 登의 훈과 음을 읽어 보세요.

훈:오를 음:등

🔍 登이 만들어진 유래를 알아보세요.

癶 + 豆 → 登

필 발   제기 두

癶(필 발)과 豆(제기 두)를 합한 한자입니다. 제사에 사용하는 그릇 모양을 본뜬 豆와 제단이 있는 언덕을 향해 올라가는 모습을 나타낸 癶을 합해 오르다라는 뜻을 나타내게 된 한자입니다.

✏️ 빈 칸에 알맞게 쓰세요.

登은 　癶　(필 발)과 　豆　(제기 두)를 합한 한자로

훈은 　　　이고, 음은 　　　입니다.

확인하기 癶 : 필 발   豆 : 콩/제기 두   • 豆는 콩을 뜻하는 것이 아니라 제사에 사용하는 그릇의 모양을 나타냅니다.

🌏 登의 부수와 총획수를 알아보고 빈 칸에 알맞게 쓰세요.

登
오를 등

부수 - 癶   총획 - 12획

▶ 癶은 '필 발' 입니다.
▶ 癶은 한자의 위쪽에 쓰이면 '필발 머리' 로 읽습니다.

· 登의 **훈**은 [   ] 이고, **음**은 [   ] 입니다.

· 登의 **부수**는 [   ] 이고, **총획**은 [   ] 입니다.

✏️ 登의 필순을 알아보고 알맞게 쓰세요.

フ ㇈ 癶 癶 癶 癶 癶 登 登 登 登 登

알아보기

📖 場의 훈과 음을 읽어 보세요.

場
훈: 마당   음: 장

🔍 場이 만들어진 유래를 알아보세요.

土 + 昜 → 場
흙 토   볕 양

土(흙 토)와 昜(볕 양)을 합한 한자입니다. 신에게 제사 지내기 위해 만들어 놓은 햇살이 비치는 널찍한 장소를 말하는 것에서 마당, 곳, 장소라는 뜻을 나타내게 된 한자입니다. 昜(양 → 장)이 음부분이 되었습니다.

✏️ 빈 칸에 알맞게 쓰세요.

場은 [　　　](흙 토)와 [　昜　](볕 양)을 합한 한자로
훈은 [　　] 이고, 음은 [　　] 입니다.

확인하기 土 : 흙 토(A1-3)   昜 : 볕 양

🌙 場의 부수와 총획수를 알아보고 빈 칸에 알맞게 쓰세요.

場
마당 장

부수 - 土   총획 - 12획

▶ 土는 '흙 토' 입니다.

· 場의 **훈**은 [　　] 이고, **음**은 [　　] 입니다.
· 場의 **부수**는 [　　] 이고, **총획**은 [　　] 입니다.

🖋 場의 필순을 알아보고 알맞게 쓰세요.

一 十 土 圤 圬 圬 坦 坦 埸 場 場 場

場　場　場　場

场　场　场　场

[확인하기] · 场은 場의 간체자입니다. 간체자(簡體字)는 중국에서 필획이 많고 복잡한 본래의 정자체를 줄여서 간단히 만든 한자를 말합니다. 곧 중국에서는 場을 场으로 표기합니다.

👆 省의 훈과 음을 읽어 보세요.

훈: 살필/덜 음: 성/생

👁 省이 만들어진 유래를 알아보세요.

少(적을 소)와 目(눈 목)을 합한 한자입니다. 少는 본래 싹이 돋아나다는 뜻의 屮(싹날 철)이 변한 모양입니다. 눈에 싹이 돋아나듯 힘을 주고 열심히 둘러본다는 것에서 살피다, 깨닫다, 덜다라는 뜻을 나타내게 된 한자입니다.

✏ 빈 칸에 알맞게 쓰세요.

省은 ☐ (적을 소) 와 ☐ (눈 목) 을 합한 한자로

훈은 ☐ 이고, 음은 ☐ 입니다.

확인하기 少 : 적을 소(C1-3)   目 : 눈 목(A3-10)   屮 : 싹날 철

🔍 省의 부수와 총획수를 알아보고 빈 칸에 알맞게 쓰세요.

省
살필 성/덜 생

부수 - 目   총획 - 9획

▶ 目은 '눈 목' 입니다.

· 省의 **훈**은 [　　] 이고, **음**은 [　　] 입니다.
· 省의 **부수**는 [　　] 이고, **총획**은 [　　] 입니다.

🔍 省의 필순을 알아보고 알맞게 쓰세요.

丨 丨 小 少 少 省 省 省 省

확인하기 · 省은 '덜어내다' 는 뜻을 나타내기도 하는데 이 때에는 '생' 으로 읽습니다. 예) 省略(생략)

술술술 漢字동화

동화를 읽고 보기 에서 알맞은 한자나 음을 찾아 쓰세요.

냄새 맡은 값 1

옛날 어느 마을에 富者 ☐☐ 와 가난한 농부가 살았습니다. 가난하지만 착한 농부는 늘 자기가 가진 것을 다른 사람과 나누었습니다. 하지만 부자는 달랐습니다. 아주 작은 것도 나눌 줄 몰랐으며 심지어 다른 사람의 것도 욕심이 나면 서슴지 않고 빼앗았습니다. 그러고는 反省 ☐☐ 은 커녕 그것이 당연한 일인 것처럼 생각했습니다. 어느 날, 농부가 일을 마치고 집으로 돌아올 때였습니다. 마침 저녁 時間 ☐☐ 이라 부잣집에서 구수한 밥 냄새와 생선 굽는 냄새가 풍겨왔습니다. 며칠 동안 제대로 먹지 못한 농부는 부잣집 담벼락 아래에 앉아 냄새를 맡고 있었습니다. 때마침 산책을 나온 부자가 그 모습을 보고 **물었습니다.** ☐

보기 시간   반성   부자   答   장면   問

"아니, 게서 무얼 하고 있소?"

"하도 냄새가 좋아서요."

농부가 우물쭈물 답☐☐하자 부자는 버럭 화를 냈습니다.

"아니 여보슈! 남의 집 음식 냄새를 맡았으면 대가를 치러야지. 공짜로 냄새를 맡아서야 되겠소? 어서 냄새 맡은 값을 주시오!"

"아니, 그런 게 어딨습니까?" 농부는 어이가 없었습니다.

그 場面☐☐을 지켜보던 동네 사람들도 혀를 끌끌 찼습니다.

"세상에! 말도 안 되는군!"

농부는 기가 막혔지만 다음 날까지 냄새 맡은 값을 주기로 하고 집으로 돌아왔습니다.

—계속—

時 : 때 시(G2-5)　　間 : 사이 간(G2-5)　　反 : 돌이킬 반(E2-5)　　富 : 부유할 부(D2-6)　　者 : 사람 자(G1-3)　　面 : 얼굴 면(B4-15)

問으로 漢字語 만들기

빈 칸에 알맞게 쓰고 問으로 이루어지는 한자어를 알아보세요.

1.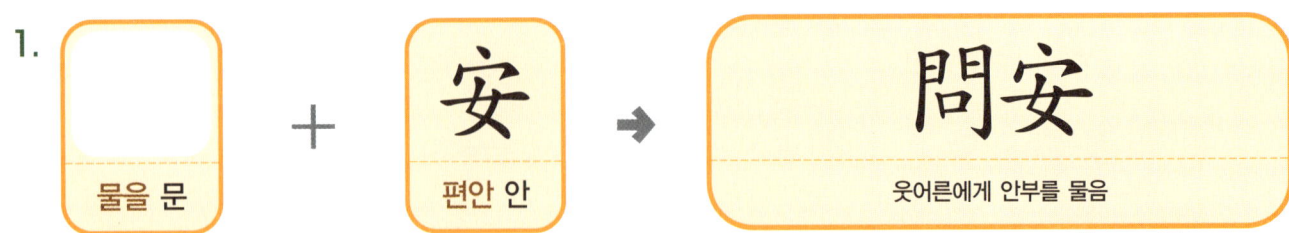

새해가 되어 부모님과 함께 시골에 계신 할머니, 할아버지께 **問安**( )인사를 드렸습니다.

2. 物을 문 + 題 제목 제 → 問題
해답을 필요로 하는 물음. 연구하거나 해결해야 할 사항

"너는 그게 **問題**( )야. 너무 성격이 매워서 남을 이해하거나 용서할 줄 모르지. 생각해봐."

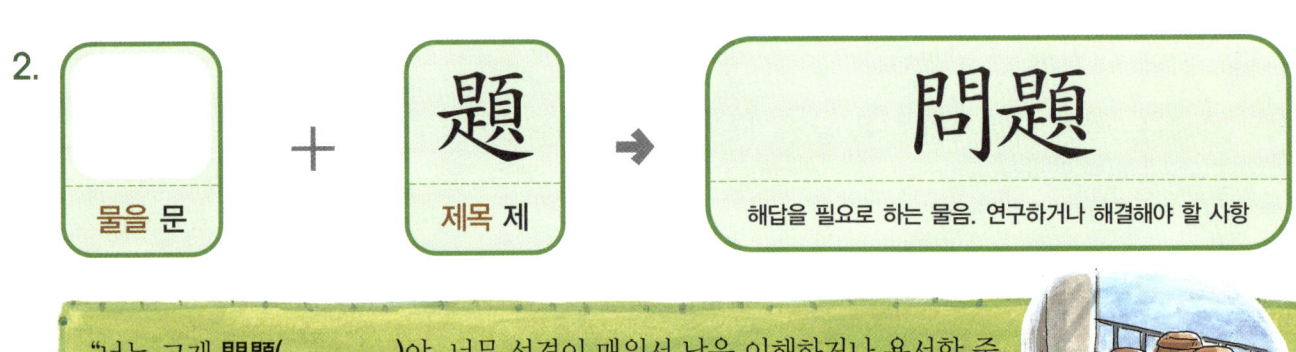

3.

確認하기 安 : 편안 안(F1-2)   題 : 제목 제   反 : 돌이킬 반(E2-5)

📖 빈 칸에 알맞게 쓰고 答으로 이루어지는 한자어를 알아보세요.

1.

화가 날 때 답해 보라! 그 상황을 객관적으로 생각할 수 있도록 스스로 묻고 답해 보자. 이렇게 몇 번의 **問答**( )이 이루어지면 마음이 훨씬 차분하게 가라앉는 것을 느끼게 된다.

2.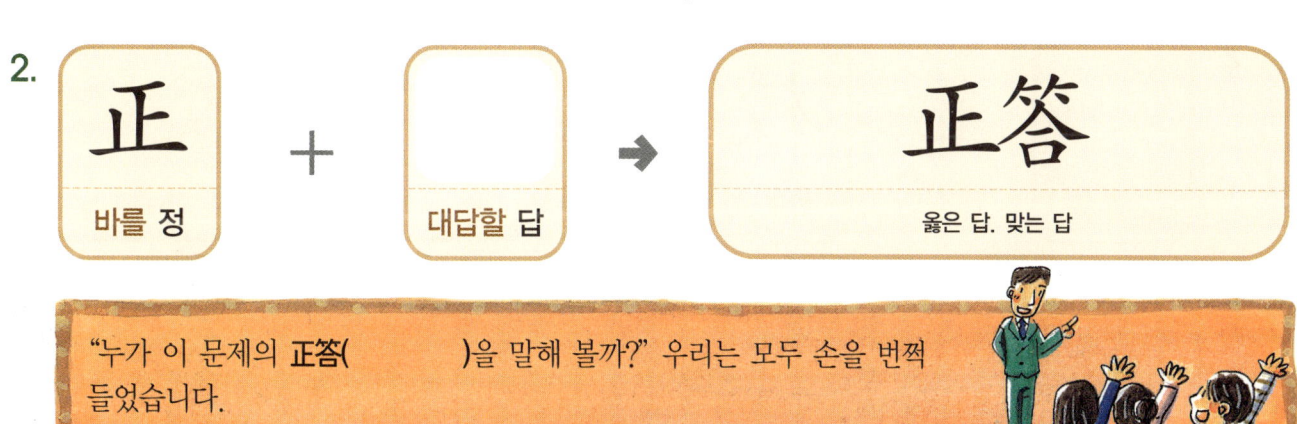

"누가 이 문제의 **正答**( )을 말해 볼까?" 우리는 모두 손을 번쩍 들었습니다.

3.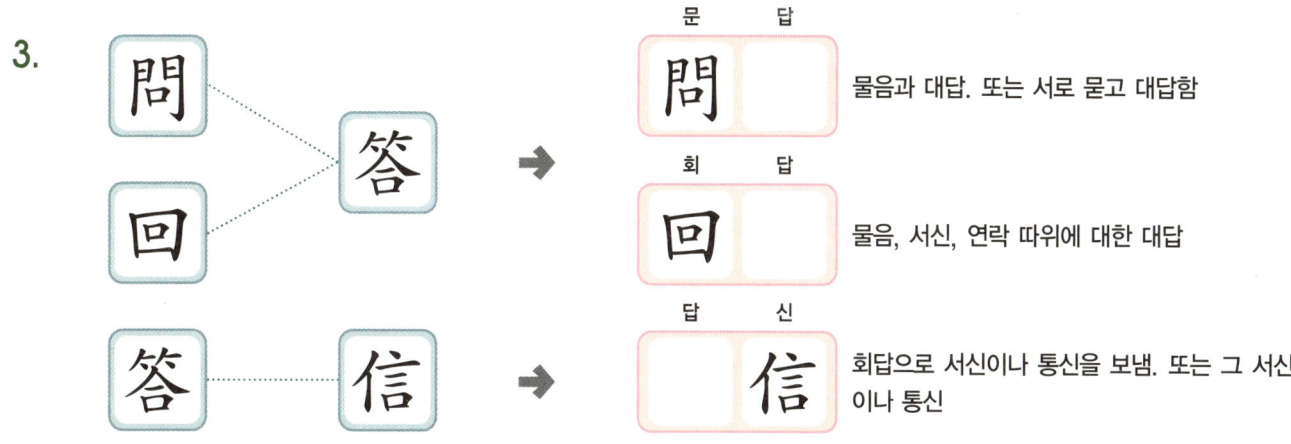

확인하기 正 : 바를 정(D2-7)   回 : 돌 회(E2-7)   信 : 믿을 신(F1-1)

빈 칸에 알맞게 쓰고 登으로 이루어지는 한자어를 알아보세요.

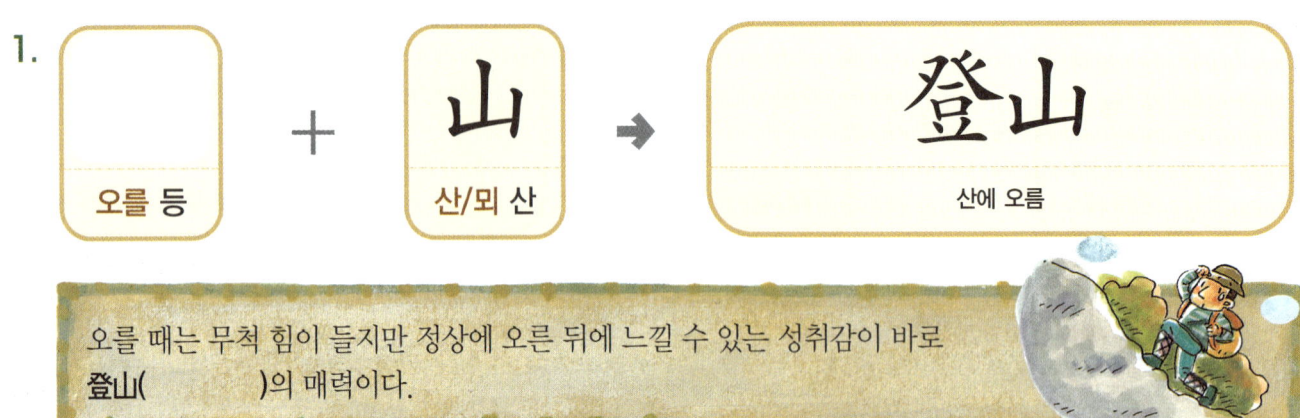

1. ☐ (오를 등) + 山 (산/뫼 산) → 登山 (산에 오름)

오를 때는 무척 힘이 들지만 정상에 오른 뒤에 느낄 수 있는 성취감이 바로 登山( )의 매력이다.

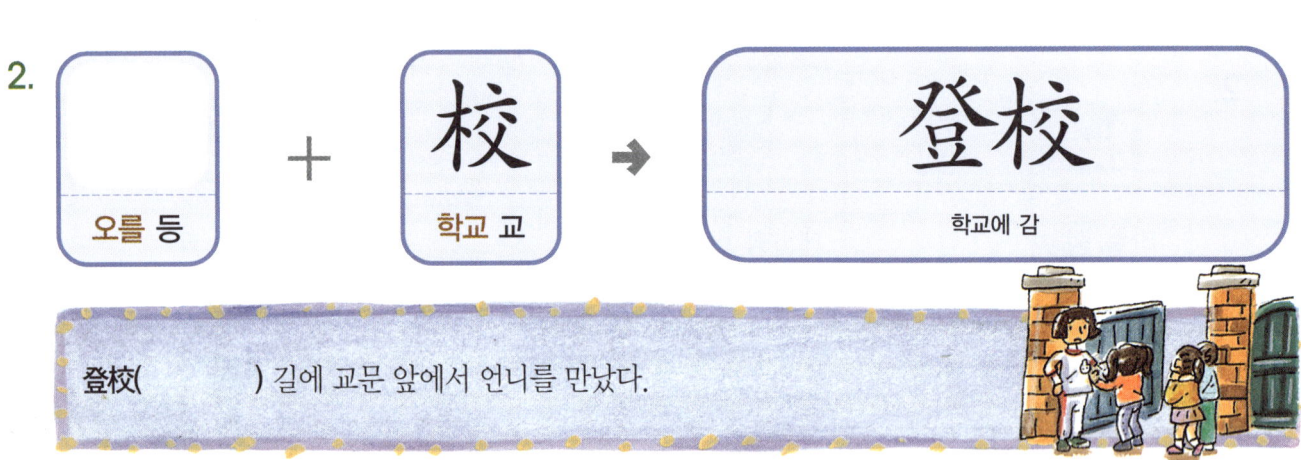

2. ☐ (오를 등) + 校 (학교 교) → 登校 (학교에 감)

登校( ) 길에 교문 앞에서 언니를 만났다.

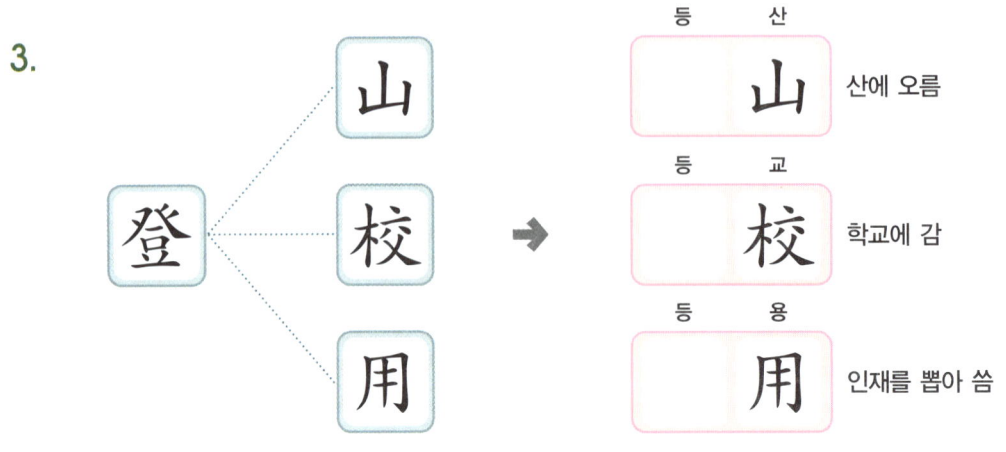

3. 登 — 山 / 校 / 用 →
   - 등산 山 산에 오름
   - 등교 校 학교에 감
   - 등용 用 인재를 뽑아 씀

확인하기 山 : 산/뫼 산(A1-1)   校 : 학교 교(F2-7)   用 : 쓸 용(D1-3)

場으로 漢字語 만들기

🔖 빈 칸에 알맞게 쓰고 場으로 이루어지는 한자어를 알아보세요.

1.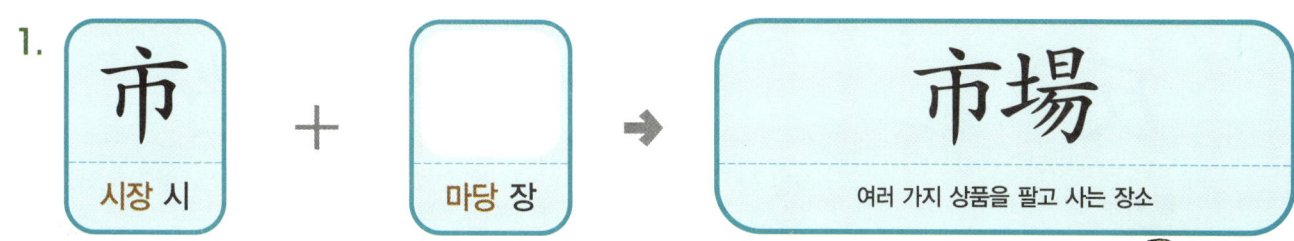

난 엄마랑 **市場**(　　　)에 가는 시간이 제일 좋다. 내가 좋아하는 것 하나는 꼭 얻을 수 있기 때문이다.

2.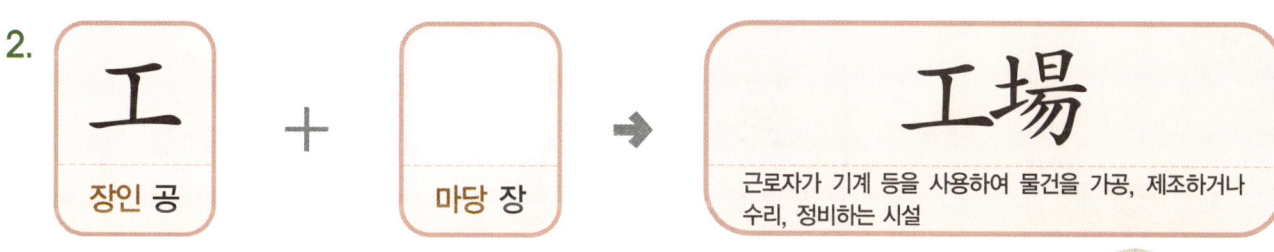

오늘날 우리 산업 현장에서 자동화 설비가 늘어나면서 **工場**(　　　)의 모습도 많이 변화되고 있다.

3.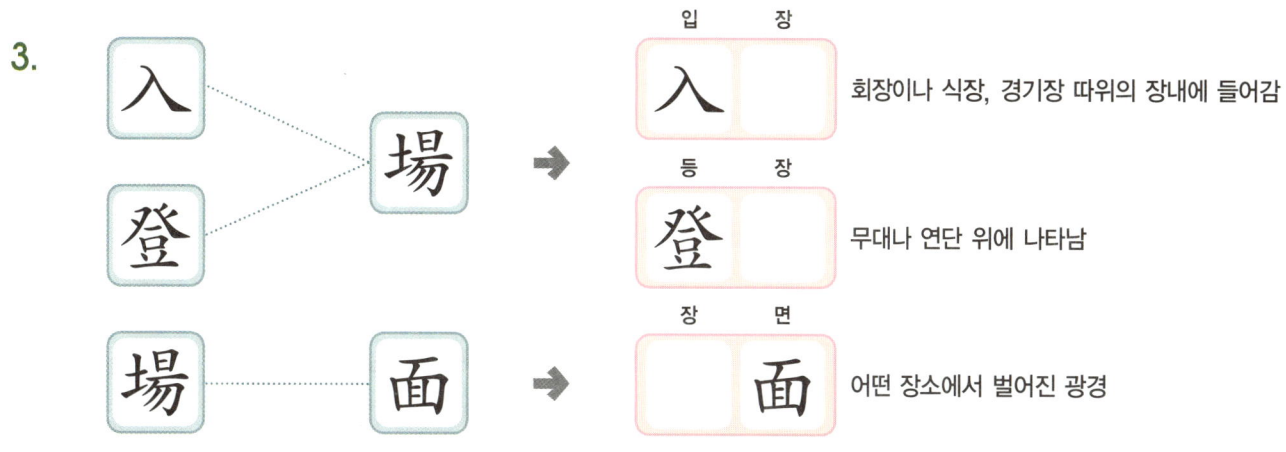

확인하기 市 : 시장 시(E1-1)　　工 : 장인 공(B2-6)　　入 : 들 입(C2-5)　　面 : 얼굴 면(B4-15)

🔎 빈 칸에 알맞게 쓰고 省으로 이루어지는 한자어를 알아보세요.

1.  + 살필 성 / 덜 생 → 反省
자기의 언행, 생각 따위의 잘잘못이나 옳고 그름을 깨닫기 위해 스스로를 돌이켜 살핌

집으로 돌아온 농부는 자기가 가진 것을 아끼고 소중히 여기지 않았던, 지금까지의 생활을 **反省**(　　　)했습니다.

2. 살필 성 / 덜 생 + 墓 (무덤 묘) → 省墓
조상의 산소에 가서 인사를 드리고 산소를 살피는 일

우리 가족은 주말에 할머니 댁이 있는 고향에 내려갔다. 아빠와 난 할아버지 산소에 **省墓**(　　　)를 했다.

3.

확인하기 反 : 돌이킬 반(E2-5)　　墓 : 무덤 묘　　自 : 스스로 자(B2-6)

新聞으로 배우는 漢字

신문 기사를 읽고 물음에 답하세요.

나도 新聞을 읽을 수 있어요!
제9호

침체의 잠에 취한 '라인강의 기적'

독일 정부도 지난 해부터 '아젠다 2010'이란 이름으로 구조 조정 작업에 착수했으며, 독일 상원은 작년 말 노동시장개혁, 소득세율인하, 사회보장축소 등 몇 가지 의미 있는 개혁법안들을 의결했다.

노동개혁은 재정 건전화와 근로자 도덕적 해이 방지를 위해 실업 급여 기간을 대폭 줄이고, 소기업들에 대해선 부당해고금지규정 적용을 받지 않도록 함으로써 노동시장 유연성을 높이는 것을 골자로 하고 있다.

또 소득세 최고세율을 종전 48.5%에서 45%, 최저세율은 16%로 각각 낮추는 대신, 의약품, 진료비, 입원비등 건강보험에 대한 환자부담은 늘려 2007년까지 건강비용을 230억 유로 가량 줄이기로 했다.

아울러 지난 3월에는 연금수령액은 줄이고 연금기여기간은 늘리는 내용의 연금 개혁 법안이 하원을 통과했다.

하지만 이 같은 개혁조치에도 불구하고, 전문가들과 ㉠市場 반응은 미흡하다는 시각이 지배적이다.

야당인 기민당-기사당 연합과 경제학자들은 "이런 개혁정책으론 독일경제를 살릴 수 없다"면서 소득세 추가인하, 지방법인세 및 보조금철폐 등 보다 강도 높은 개혁조치를 요구하고 있으며, 연합여당인 녹색당도 개혁 강도에 대해 불만을 터뜨리고 있다.

하지만 집권 사민당의 선택폭은 별로 넓지 않다. 전통적 지지기반이 노동자에 있는 사민당으로선 이들의 희생을 요구하는 구조개혁의 고삐를 더 당기기가 쉽지 않기 때문이다.

개혁과 정치기반, 두 마리 토끼를 모두 잃을 수도 있는 상황인 것이다.

이 같은 딜레마는 최근 독일정부가 추진 중인 상점 영업 ㉡時間 자유화계획에서 단적으로 확인된다.

오래전부터 독일은 종교적 전통유지와 노동자 보호를 위해 일요일과 ㉢公休日엔 상점영업을 원칙적으로 금지하고 평일 영업도 오후 8시까지로 제한해왔다.

그러나 독일정부는 민간소비활성화를 위해 이 같은 영업시간 제한조치를 완전히 철폐하는 방안을 추진하고 있다.

미국처럼 24시간 편의점 ㉣登場을 예고하는 영업시간 제한철폐는 독일에선 혁명적 변화임에 틀림없다.

그러나 산업계와 상점주인들의 환영에도 불구, 종교계와 노동계는 반대 입장을 명확히 하고 있어 성사여부는 여전히 불투명한 실정이다.

성장과 분배, 형평과 효율 사이에서 방황하는 독일의 현주소를 읽을 수 있다.

[한국일보] 2004-04-29

---

1. ㉠, ㉡, ㉢, ㉣의 음을 쓰세요.

漢字語 다지기
問 答 登 場 省

🔹 빈 칸에 알맞은 음을 쓰고 필순에 맞게 한자를 쓰세요.

1. 問安 (문안)	問	丨冂冂冂冃門門門問問 問
2. 正答 ( )	答	ノ ト ㅅ ㅆ 竹 竹 竺 ケ ケ 夲 答 答
3. 登山 ( )	登	丿 ク 癶 癶 癶 癶 癶 登 登 登 登 登
4. 入場 ( )	場	一 十 土 圤 圴 坦 坦 坦 場 場 場 場
5. 反省 ( )	省	丿 小 小 少 少 省 省 省 省

빈 칸에 공통적으로 들어갈 한자를 쓰세요.

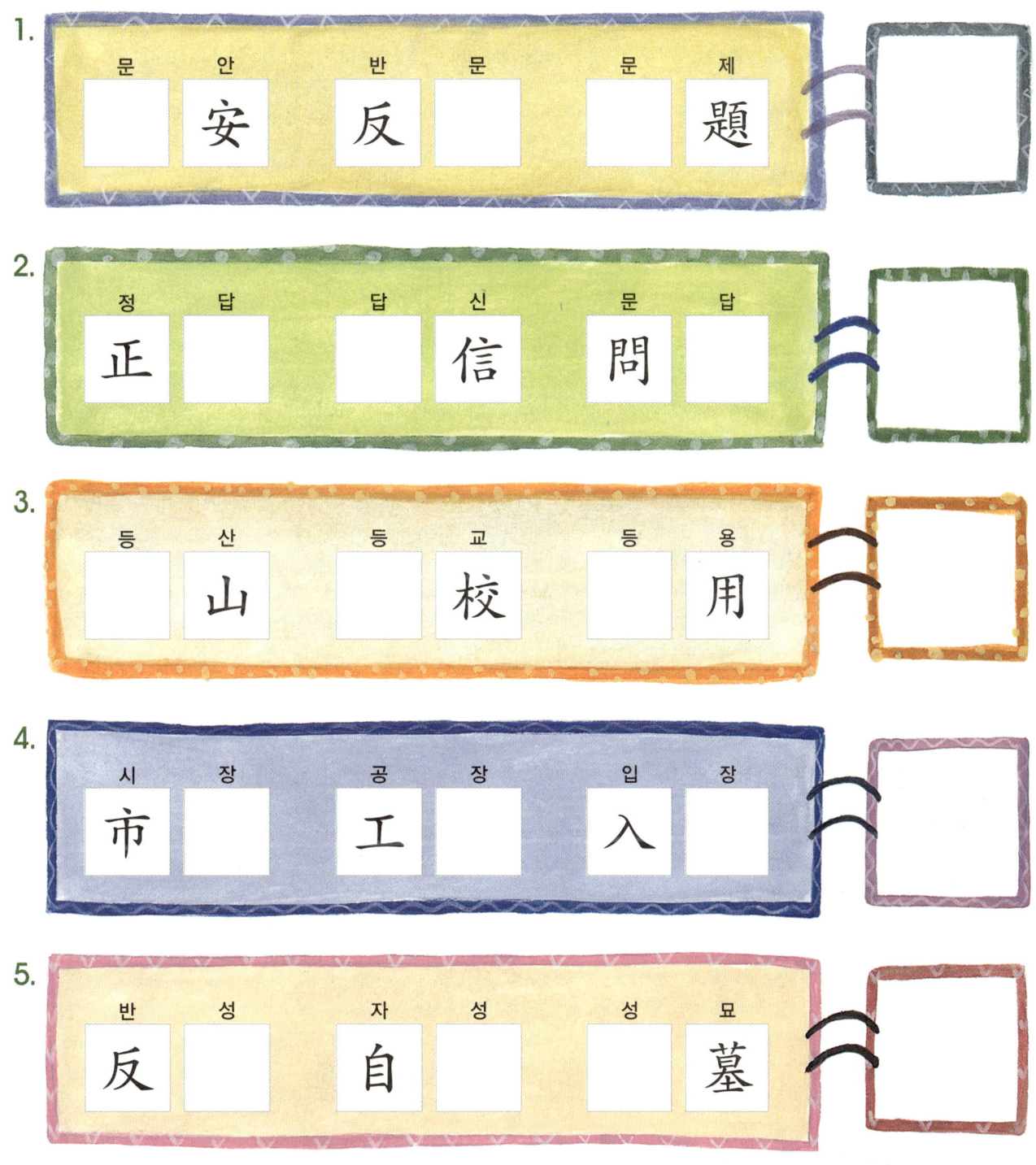

풀어보기

1. 서로 관련 있는 것끼리 선으로 이으세요.

問　　　　　대답할　　　　　문

場　　　　　물을　　　　　답

省　　　　　마당　　　　　등

答　　　　　오를　　　　　장

登　　　　　살필 덜　　　　　성생

2. 다음 빈 칸에 알맞은 한자를 쓰세요.

문　안
□　安

등　교
□　校

시　장
市　□

반　성
反　□

3. 다음 빈 칸에 공통적으로 들어갈 한자를 쓰세요.

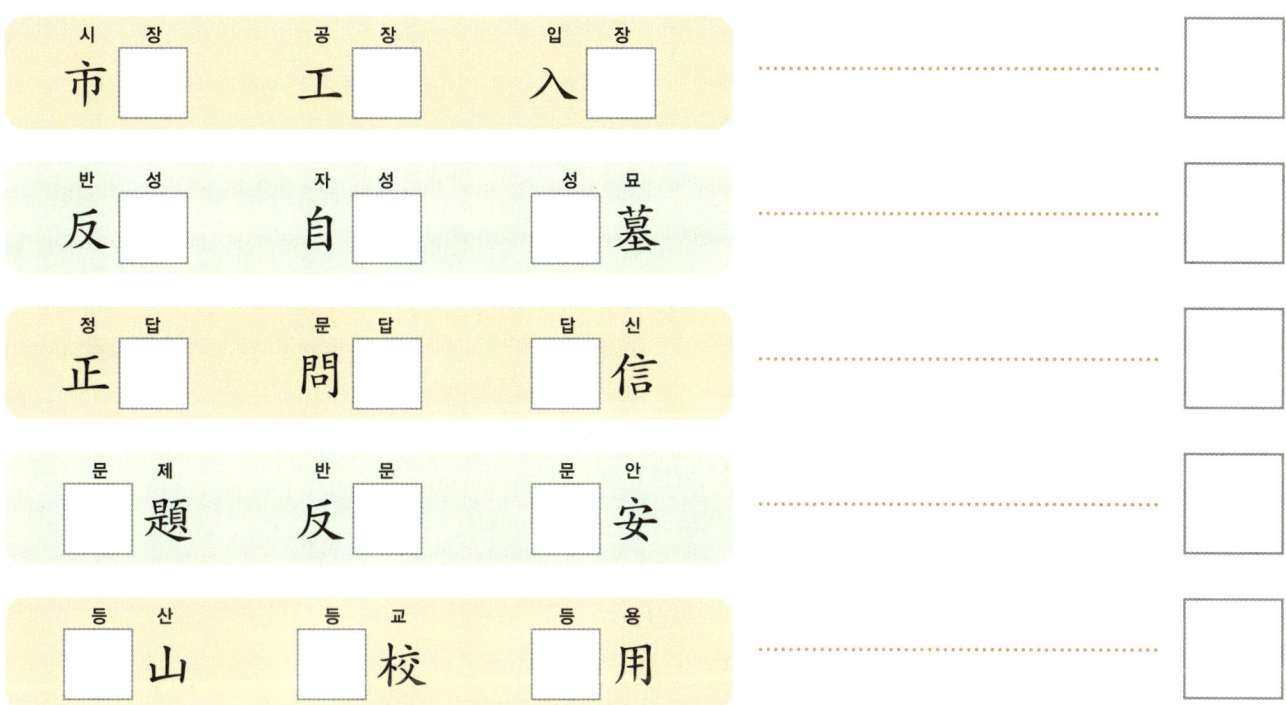

4. 다음 보기 에서 알맞은 한자어를 찾아 쓰세요.

보기: 問安　　正答　　登山　　工場　　反省

- 이것이 바로 ☐☐ 입니다.
- 대부분의 ☐☐ 들은 하수 정화 시설을 갖추고 있습니다.
- 부모님께 아침 저녁으로 ☐☐ 인사를 드립니다.
- 일기를 쓰면 하루의 생활을 ☐☐ 하는 데 도움이 됩니다.
- 지난 일요일 가족과 함께 남산을 ☐☐ 하였습니다.

사돈이 된 두 노인

옛날 어느 한여름이었습니다. 한번 비가 내리기 시작하더니, 금세 굵은 장대비가 되어 후두둑 퍼부었습니다. 마치 하늘에 커다란 구멍이라도 뚫린 듯 쉬지 않고 내리던 비는 석 달 열흘 만에야 그쳤습니다. 세상은 온통 물에 잠겨 난리가 났습니다. 집과 논밭이 물에 잠긴 것은 물론이고, 산마저 마치 섬처럼 듬성듬성 보였습니다.

그러던 중 어느 높은 산마루터기에서 남쪽 마을 노인과 북쪽 마을 노인이 우연히 만났습니다.
"휴, 이렇게 죽지 않고 살아 있다니 우린 정말 운이 좋군요."
북쪽 마을 노인이 사람 만난 게 무척이나 반가워, 먼저 말을 건넸습니다.
"나만 살면 뭐 합니까. 다른 식구들이 어찌되었는지 모르는데요.
그나저나 누구보다도 몇 년 전에 소식이 끊긴 딸아이가 걱정입니다."
남쪽 마을 노인이 한숨을 길게 내쉬면서 말했습니다.
"따님에게 무슨 일이라도……?"
"몇 년 전 단오 때 어떤 놈이 우리 딸아이를 업어 갔지 뭡니까. 살아 있다면 지금쯤 스물이 되었을텐데……."
"저런, 우리 며느리하고 나이가 똑같은데……. 가만 있자, 누군가 단오 때 따님을 업어 갔다고 하셨지요?"
갑자기 북쪽 마을 노인이 손을 구부려 가며 날짜를 따져 보았습니다.
그런데 따져 보니, 노총각이었던 자기 아들이 이웃 마을 처녀를 업어 온 날도 단오 때였질 않겠어요?
알고 보니 두 노인의 아들과 딸이 서로 혼인을 한 관계였던 거예요.
두 노인은 너무 반가웠지만 불어난 시내를 사이에 두고 나무등걸(查)에서 서로 머리를 조아리며(頓) 술을 마셨다고 합니다.
여기에서 사돈(査頓)이란 말이 생겨났으며 사돈 사이는 가까이하기에도 조심스럽고, 멀리하기에도 어려운 관계라는 것을 나타내는 이야기입니다.

확인하기　査 : 조사할/풀명자 나무 사　　頓 : 조아릴 돈

17. 부모님께 ▢ 인사를 드렸습니다.

① 正答 ② 場面 ③ 市場 ④ 登場

18. 어제는 어머니와 같이 ▢ 에 다녀왔습니다.

① 問安 ② 登用 ③ 場面 ④ 入場

① 登用 ② 自省 ③ 市場 ④ 答信

다음 보기 에서 알맞은 한자어를 찾아 쓰세요.

보기
問安 反省 登山 反問

19. ▢등 ▢산

20. ▢반 ▢성

평가 결과 및 향후 진도

정답 수	
16~20문항	잘했어요. G3집 10호로 진행하세요.
11~15문항	부족해요. 틀린 문제의 한자를 다시 학습한 후 G3집 10호로 진행하세요.
10문항 이하	많이 부족해요. 이번 호를 복습한 후 다음 호로 진행하세요.

왼쪽의 한자어가 되도록 바르게 연결하세요.

10. 회답 · · 回
11. 반성 · · 問答
12. 문안 · · 反省
    · 安
    · 省

다음 보기 에서 알맞은 한자어를 찾아 쓰세요.

보기: 登用 自省 問答 場面

13. 물음과 대답. 또는 서로 묻고 대답함. ☐☐
14. 인재를 뽑아 씀 ☐☐
15. 어떤 장소에서 벌어진 광경 ☐☐

다음 빈 칸에 알맞은 한자어를 고르세요.

16. 드디어 주인공이 ☐☐ 하였다.

 問 물을 문

 答 대답할 답

 登 오를 등

 場 마당 장

 省 살필/덜 성/생

問 答 登 場 省

물을 문 대답할 답 오를 등 마당 장 살필 성
덜 생

答　問

場　登

問答登場省　省

G단계 9호 해답

129a 1. 모일 사, 모일 회, 능할 능, 거느릴/떼 부

2.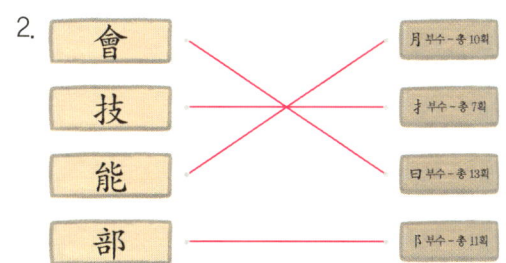
會 — 曰 부수 - 총 13획
技 — 扌 부수 - 총 7획
能 — 月 부수 - 총 10획
部 — 阝 부수 - 총 11획

129b 3. 部品, 長技, 社長, 才能 4. 생활, 의견, 사회, 민주
130a 문안, 정답
130b 등산, 공장
131a 반성
132a 門, 口, 물을, 문
132b 물을, 문, 口, 11획
133a 竹, 合, 대답할, 답
133b 대답할, 답, 竹, 12획
135a 오를, 등
135b 오를, 등, 癶, 12획
136a 土, 마당, 장
136b 마당, 장, 土, 12획
137a 少, 目, 살필/덜, 성/생
137b 살필/덜, 성/생, 目, 9획
138a 부자, 반성, 시간, 問
138b 答, 장면
139a 1. 問, 문안 2. 問, 문제 3. 問, 問, 問
139b 1. 答, 문답 2. 答, 정답 3. 答, 答, 答
140a 1. 登, 등산 2. 登, 등교 3. 登, 登, 登
140b 1. 場, 시장 2. 場, 공장 3. 場, 場, 場
141a 1. 省, 반성 2. 省, 성묘 3. 省, 省, 省
141b 1. ㉠ - 시장, ㉡ - 시간, ㉢ - 공휴일, ㉣ - 등장

142a 1. 문안 2. 정답 3. 등산 4. 입장 5. 반성
142b 1. 問 2. 答 3. 登 4. 場 5. 省
143a 1. 問-물을-문, 場-마당-장, 省-살필/덜-성/생, 答-대답할-답, 登-오를-등

2. 問, 登, 場, 省

143b 3. 場, 省, 答, 問, 登
4. 正答, 工場, 問安, 反省, 登山

형성평가

1. ④   2. ④   3. 場, 마당 장
4. 問   5. 등산   6. 정답
7. 答   8. 場   9. 登
10. 회답 — 回
11. 반성 — 省
12. 문안 — 問安/反/答
13. 問答
14. 登用
15. 場面
16. ④
17. ①
18. ③
19. 登山
20. 反省

펴낸이 : 정지향
펴낸곳 : (주)기탄교육
기획·편집·디자인 : 기탄교육연구소
주소 : 06698 서울특별시 서초구 효령로 42 기탄출판문화센터
등록 : 제22-1740호
전화 : (02) 586-1007
팩스 : (02) 586-2337

※서점에 갈 시간이 없거나 구하기 어려운 분은 인터넷 또는 전화로 신청하세요. 즉시 우송해 드립니다.
● www.gitan.co.kr

ⓒ 2005 (주)기탄교육 All rights reserved.
저작권자의 동의 없이 본 교재를 무단으로 복제하거나 전재하는 것을 금합니다.

G단계에서 배운 한자들

問 물을 문
答 대답할 답
登 오를 등
場 마당 장
省 살필/덜 성/생

現 나타날 현
在 있을 재
協 도울 협
商 장사 상
事 일 사
社 모일 사
會 모일 회
技 재주 기
能 능할 능
部 거느릴/떼 부

夜 밤 야
景 볕 경
成 이룰 성
功 공 공
者 사람 자
時 때 시
間 사이 간
空 빌 공
氣 기운 기
集 모일 집

果 열매 과
實 열매 실
夫 남편 부
婦 아내 부
美 아름다울 미
重 무거울 중
要 요긴할 요
活 살 활
動 움직일 동
得 얻을 득

♥ 엄마가 한자나 한자어를 부르고 아이가 받아쓰도록 합니다.

10호

기탄교과서한자 G단계 3집 145a~160a

G3집
129a-192a

G3집
10호
145a-160a

초등 교과서 한자어를 총체 분석한 어휘력 향상 한자 학습 프로그램

기탄 한자
교과서

공부한 날	월	일	~	월	일
		교		반	
이름		전화			

www.gitan.co.kr

G단계 학습 한자 일람

	G단계						
1집	果,實,夫,婦,美 重,要,活,動,得 夜,景,成,功,者 복습	2집	時,間,空,氣,集 現,在,協,商,事 社,會,技,能,部 복습	3집	問,答,登,場,省 春,夏,秋,冬,溫 貴,愛,病,死,敬 복습	4집	物,件,發,電,書 高,低,苦,樂,朝 眞,理,學,習,賞 복습

학습 진단 관리표

	한자		한자어		이번 주는
	읽기	쓰기	읽기	쓰기	
금주평가	Ⓐ 아주 잘함	Ⓐ 아주 잘함	Ⓐ 아주 잘함	Ⓐ 아주 잘함	● 학습방법 ❶ 매일매일 ❷ 가끔 ❸ 한꺼번에 하였습니다.
	Ⓑ 잘함	Ⓑ 잘함	Ⓑ 잘함	Ⓑ 잘함	● 학습태도 ❶ 스스로 잘 ❷ 시켜서 억지로 하였습니다.
	Ⓒ 보통	Ⓒ 보통	Ⓒ 보통	Ⓒ 보통	● 학습흥미 ❶ 재미있게 ❷ 싫증내며 하였습니다.
	Ⓓ 노력해야 함	Ⓓ 노력해야 함	Ⓓ 노력해야 함	Ⓓ 노력해야 함	● 교재내용 ❶ 적합하다고 ❷ 어렵다고 ❸ 쉽다고 하였습니다.
	지도 교사가 부모님께				부모님이 지도 교사께

종합평가   Ⓐ 아주 잘함   Ⓑ 잘함   Ⓒ 보통   Ⓓ 노력해야 함

G3집
145a-160a

이번 주 학습 포인트

1일차 145a~147b
- 다시보기를 통하여 問, 答, 登, 場, 省의 훈, 음, 형, 한자어를 복습합니다.
- 이번 주에 학습할 春, 夏, 秋, 冬, 溫의 용례를 문장 속에서 찾아봅니다.
- 인물 이야기 '서민의 생활을 그린 화가 김홍도'를 읽고 이번 주 학습 한자를 찾아봅니다.

2일차 148a~150b
- 알아보기를 통하여 春, 夏의 3요소와 필순, 부수를 학습합니다.
- 夏의 자원 형성에 관한 설은 여러 가지 견해가 있습니다.
- 만화로 고사성어 塞翁之馬의 뜻과 쓰임을 알아보고 적절한 때 사용할 수 있습니다.

3일차 151a~154b
- 알아보기를 통하여 秋, 冬, 溫의 3요소와 필순, 부수를 학습합니다.
- 秋, 冬, 溫의 자원을 이해하고 溫의 간체자를 익혀 봅니다.
- 동화 '냄새 맡은 값'을 읽고 학습 한자를 이야기 속에서 활용해 익힙니다.

4일차 155a~157b
- 한자 春, 夏, 秋, 冬, 溫과 다른 한자를 결합하여 한자어를 익힙니다.
- 알고 있는 한자와 결합하여 한자어를 만들어 보고 造語(조어) 원리를 깨달을 수 있습니다.
- 신문 기사를 읽고 기사문 속에 한자의 3요소를 적용하여 학습합니다.

5일차 158a~160a
- 이번 주에 익힌 한자, 한자어 학습을 마무리합니다.
- 풀어보기를 통해 학습 한자를 정리하고 읽을거리 '시글벅적 야단법석'을 읽어 봅니다.
- 형성평가를 풀이하여 한 주 학습의 성취도를 스스로 진단합니다.

問 答 登 場 省 다시 보기

1. 다음 빈 칸에 알맞은 훈음을 쓰세요.

2. 서로 관련 있는 것끼리 선으로 이으세요.

3. 다음 보기 에서 알맞은 한자어를 찾아 쓰세요.

> 보기   登山   市場   正答   問安

- 웃어른에게 안부를 물음 …… 問安
- 옳은 답. 맞는 답 …… 正答
- 산에 오름 …… 登山
- 여러 가지 상품을 팔고 사는 장소 …… 市場

4. 다음 보기 에서 알맞은 음을 찾아 쓰세요.

> 보기   생활   교문   시간   등교

지난 주에 3학년 학생이 점심 **時間**〔시간〕에 **校門**〔교문〕 밖으로 나갔다가 교통 사고를 당해 목발을 짚고 다닌 일이 있었습니다. 그래서 5, 6학년 선배들이 **登校**〔등교〕 시간뿐만 아니라, 점심 시간과 하교 시간까지 **生活**〔생활〕 지도를 하기로 했습니다.

春, 夏가 쓰인 문장을 읽고 빈 칸에 한자어의 음을 쓰세요.

서울, **春川(춘천)**, 강릉은 비슷한 위도상에 위치해 있지만 기온은 많은 차이가 난다.

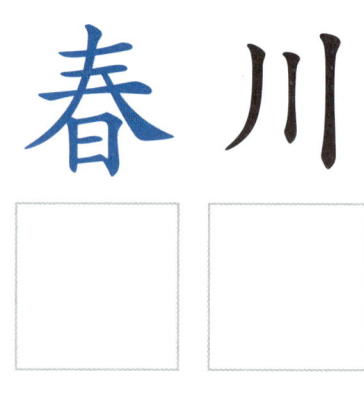

옛날 어른들은 24절기에 맞추어 농사를 짓고 음식을 해 먹었는데 양력 5월 5일, 6일 경은 24절기 중에 여름에 들어선다는 **立夏(입하)**입니다.

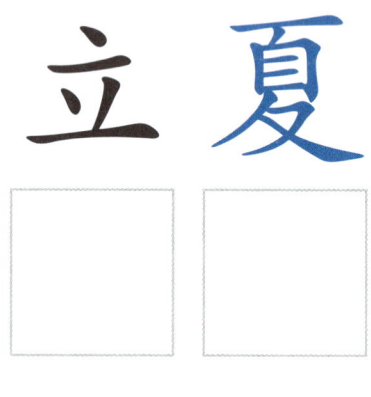

川 : 내 천(A1-1)   立 : 설 립(C2-6)

秋, 冬이 쓰인 문장을 읽고 빈 칸에 한자어의 음을 쓰세요.

씨름은 주로 단오와 **秋夕(추석)**에 즐겨 하였지만 농한기에도 성행하였다. 씨름판에서 맨 마지막으로 이기는 것을 '판막음', '판막이' 라고 한다.

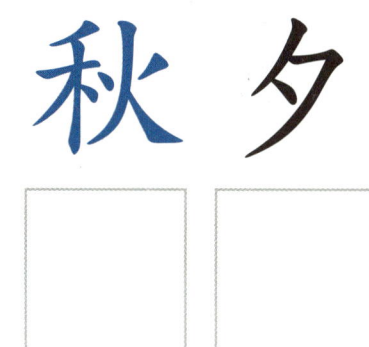

秋 夕

☐ ☐

'**冬至(동지)** 섣달에 북풍 불면 병충해가 적다.'는 말이 있다. 이는 시베리아의 찬 공기에 의한 북풍이 불면, 기온이 내려가서 해충이 얼어 죽기 때문에 다음 해에 병충해가 적다는 뜻이다.

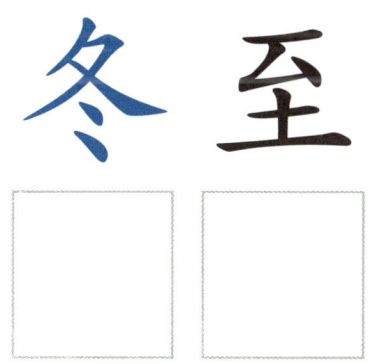

冬 至

☐ ☐

확인하기 夕 : 저녁 석(B4-14)   至 : 이를 지

📖 溫이 쓰인 문장을 읽고 빈 칸에 한자어의 음을 쓰세요.

날씨가 춥거나 더운 것은 우리를 둘러싸고 있는 공기의 온도, 즉 **氣溫(기온)**과 관련이 있습니다.

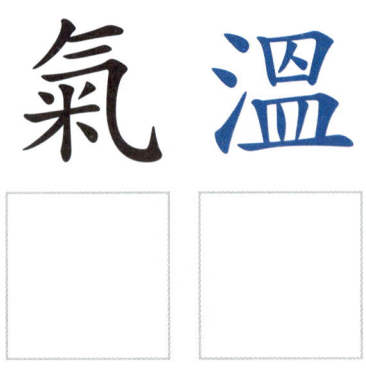

📖 春, 夏, 秋, 冬, 溫이 쓰인 한자어의 음을 읽어 보세요.

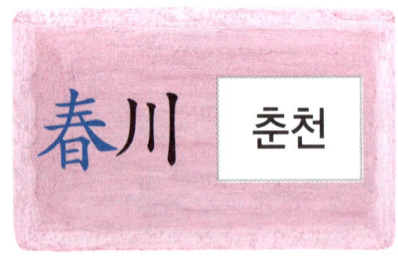
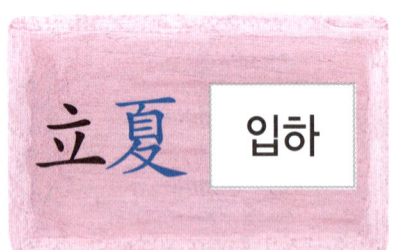

확인하기 氣 : 기운 기(G2-5)   川 : 내 천(A1-1)   立 : 설 립(C2-6)   夕 : 저녁 석(B4-14)   至 : 이를 지

🌑 인물 이야기를 통해 春, 夏, 秋, 冬, 溫의 훈음을 알아보세요.

서민의 생활을 그린 화가 김홍도

조선 시대의 화가 김홍도는 매우 가난했습니다. 하지만 신선 같은 모습을 간직하는 그에게는 늘 친구가 많았습니다. 그는 그림에 남다른 감각이 있는 만큼 멋을 알고 풍류를 즐기는 사람이었습니다. **봄(春)**에는 아름다운 꽃들이, **여름(夏)**에는 우거지는 초록이, **가을(秋)**에는 넘실거리는 들판이 모두 그의 그림의 배경이 되어 주었습니다.

어느 늦**겨울(冬)**, 그는 어느 집 담 너머에 핀 매화 나무를 보았습니다.

매화 향기에 취한 그는 그냥 지나칠 수가 없었습니다. 주인에게 매화를 팔라고 했지만 이천 냥이라는 엄청난 값을 부르는 바람에 엄두를 낼 수가 없었답니다.

그러던 어느 날 어떤 부자 양반이 그에게 그림을 그려 달라고 했습니다. 김홍도는 유쾌하게 그림을 그려 주고 이천 냥을 받았습니다. 그리고 그 길로 달려가 매화 나무를 샀지요. 친구들은 그런 김홍도를 이해할 수 없었습니다.

"이보게! 자네 집 쌀통을 좀 보게. 쌀통을 보면 불안하지도 않는가?"

그 말에 김홍도는 이렇게 대답했다고 합니다.

"쌀통이 비었다 해서 마음까지 비겠나? 나한테는 매화 나무와 마음을 **따뜻하게(溫)** 해 주는 가족이 있다네. 더 무얼 바라겠나!"

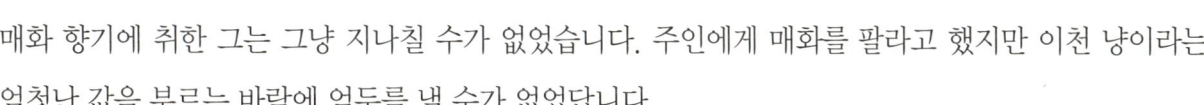

春 : 봄 춘   夏 : 여름 하   秋 : 가을 추   冬 : 겨울 동   溫 : 따뜻할 온

김홍도 [金弘道, 1745 ~ ?]
조선시대의 화가입니다. 산수화·인물화·풍속화에 모두 능하였고, 특히 산수화와 풍속화에 새로운 경지를 개척했습니다. 그의 산수화는 사실적이면서도 아름다워 당시의 화가들에게 큰 영향을 주었습니다. 또 풍속화는 당시 백성들의 생활 정서와 직업을 주제로 하여 그들의 생활모습을 익살스럽고 재미있게 표현했습니다. 또한 사회풍자를 담은 그림도 많이 그렸습니다.

👋 春의 훈과 음을 읽어 보세요.

훈: 봄 음: 춘

👋 春이 만들어진 유래를 알아보세요.

艸 + 屯 + 日 → 春
풀 초 　　 언덕 둔 　　 날/해 일

艸(풀 초)와 屯(언덕 둔)과 日(날/해 일)을 합한 한자입니다. 따뜻한 햇살(日)에 풀(艸)이 쑥쑥 자라는 모습에서 봄이라는 뜻을 나타냅니다. 屯(둔 → 춘)이 음부분이 되었습니다.

👋 빈 칸에 알맞게 쓰세요.

春은 □ (풀 초)와 屯 (언덕 둔)과 □ (날/해 일)을 합한 한자로

훈은 □ 이고, 음은 □ 입니다.

확인하기 艸 : 풀 초(B4-13)　　屯 : 언덕 둔　　日 : 날/해 일(A1-1)

• 春이 만들어진 유래를 보면 옛날 사람들의 봄에 대한 관념을 알 수 있습니다. 따뜻한 햇살 아래 풀싹이 대지를 뚫고 올라오는 모습을 본떠 만든 한자입니다.

🌙 春의 부수와 총획수를 알아보고 빈 칸에 알맞게 쓰세요.

春
봄 춘

부수 - 日   총획 - 9획

▶ 日은 '날/해 일' 입니다.

· 春의 **훈**은 [   ] 이고, **음**은 [   ] 입니다.

· 春의 **부수**는 [   ] 이고, **총획**은 [   ] 입니다.

✏️ 春의 필순을 알아보고 알맞게 쓰세요.

一 = 三 丰 夫 丰 春 春 春

확인하기 · 春의 윗부분은 艸와 屯이 변한 모양입니다.

🔍 夏의 훈과 음을 읽어 보세요.

훈: 여름 음: 하

🔍 夏가 만들어진 유래를 알아보세요.

신들린 무당이 기우제를 지내면서 격렬하게 춤을 추고 있는 모습을 본떠 만든 한자입니다. 여름에 지내는 기우제가 가장 큰 제사이므로 크다라는 뜻을 나타내고, 기우제를 여름에 지내기 때문에 여름이라는 뜻을 나타냅니다.

🔍 빈 칸에 알맞게 쓰세요.

夏는 신들린 무당이 기우제를 지내면서 격렬하게 춤을 추고 있는 모습을 본떠 만든 한자로

훈은 [　　] 이고, 음은 [　　] 입니다.

🌏 夏의 부수와 총획수를 알아보고 빈 칸에 알맞게 쓰세요.

夏
여름 하

부수 - 夂　　총획 - 10획

▶夂는 '천천히 걸을 쇠' 입니다.
▶夂는 '발' 또는 '천천히 걷는다' 는 뜻을 나타냅니다.

· 夏의 **훈**은 ☐ 이고, **음**은 ☐ 입니다.

· 夏의 **부수**는 ☐ 이고, **총획**은 ☐ 입니다.

✍ 夏의 필순을 알아보고 알맞게 쓰세요.

一　丆　丆　丆　百　百　頁　夏　夏

夏　夏　夏　夏

塞翁之馬
새옹지마

塞 : 변방 **새**   翁 : 늙은이 **옹**   之 : 어조사 **지**   馬 : 말 **마**

인생의 길흉화복은 항상 바뀌어 미리 헤아릴 수가 없다는 뜻입니다.
옛날 중국의 북쪽 변방에 한 늙은이가 기르던 말이 달아났다가 준마 한 필을 데려왔는데, 그의 아들이 그 말을 타다가 다리가 부러졌고, 이로 인해 아들이 전쟁에 나가지 않아 목숨을 구하게 되었다는 고사에서 유래되었습니다.

📖 秋의 훈과 음을 읽어 보세요.

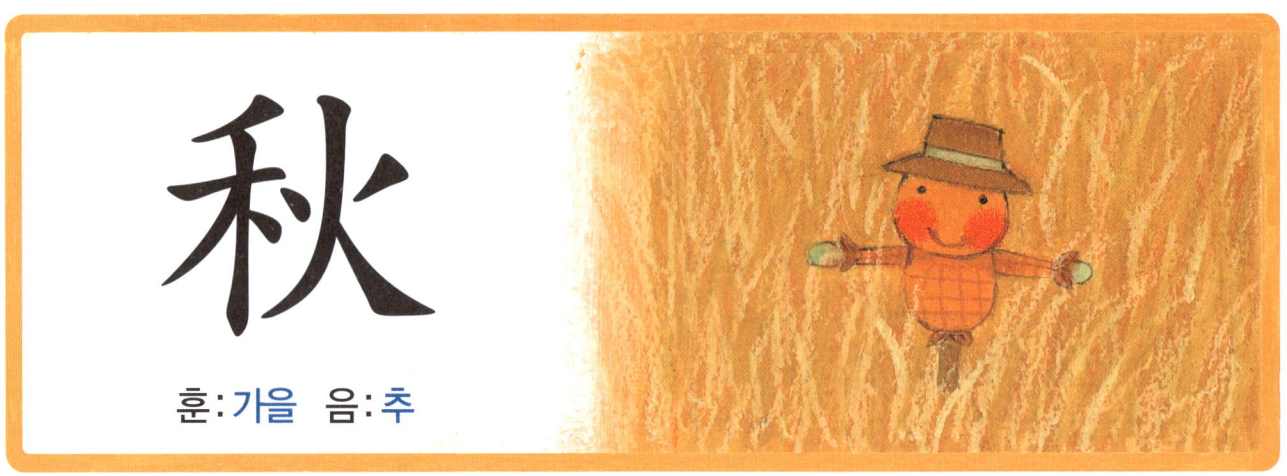

훈: 가을   음: 추

秋가 만들어진 유래를 알아보세요.

禾 + 火 → 秋

벼 화   불 화

禾(벼 화)와 火(불 화)를 합한 한자입니다. 벼(禾)가 익은 가을에 논이나 들판의 메뚜기 떼를 불(火)을 피워 박멸하는 것을 나타내 가을이란 뜻을 나타내게 된 한자입니다.

빈 칸에 알맞게 쓰세요.

秋는 [禾　(벼 화)] 와 [　　(불 화)] 를 합한 한자로
훈은 [　　] 이고, 음은 [　　] 입니다.

확인하기 禾 : 벼 화   火 : 불 화(A1-2)

🔶 秋의 부수와 총획수를 알아보고 빈 칸에 알맞게 쓰세요.

秋 가을 추

부수 – 禾　　　총획 – 9획

▶ 禾는 '벼 화' 입니다.

· 秋의 훈은 [　　] 이고, 음은 [　　] 입니다.
· 秋의 부수는 [　　] 이고, 총획은 [　　] 입니다.

🔶 秋의 필순을 알아보고 알맞게 쓰세요.

´ 二 千 禾 禾 禾 秋 秋

秋　秋　秋　秋

확인하기 · 秋는 원래 메뚜기만을 그린 모습이었습니다. 메뚜기가 농작물에 피해를 많이 입히자 불을 질러 메뚜기를 박멸시켰는데, 후대에 메뚜기의 모습은 사라진 채, 불(火)과 가을의 상징인 벼(禾)가 첨가되어 지금의 秋가 되었다는 설이 있습니다.

📖 冬의 훈과 음을 읽어 보세요.

훈:겨울 음:동

📖 冬이 만들어진 유래를 알아보세요.

夂 + 冫 → 冬

뒤처져올 치   얼음 빙

夂(뒤처져올 치)와 冫(얼음 빙)을 합한 한자입니다. 夂는 실 끝에 매듭을 지은 모습에서 끝이라는 뜻을 나타내어 한 해의 끝인 겨울이라는 뜻이 되었습니다. 나중에 겨울의 상징인 冫을 덧붙여 겨울이라는 의미를 보충하였습니다.

📖 빈 칸에 알맞게 쓰세요.

冬은 | 夂 (뒤처져올 치) | 와 | 冫 (얼음 빙) | 을 합한 한자로

훈은 [　　] 이고, 음은 [　　] 입니다.

확인하기   夂 : 뒤처져올 치   氷 : 얼음 빙   • 氷은 부수로 쓰이면 冫으로 모양이 바뀝니다.

冬의 부수와 총획수를 알아보고 빈 칸에 알맞게 쓰세요.

冬
겨울 동

부수 - 冫　　총획 - 5획

▶ 冫은 '얼음 빙' 입니다.

· 冬의 **훈**은 ☐ 이고, **음**은 ☐ 입니다.
· 冬의 **부수**는 ☐ 이고, **총획**은 ☐ 입니다.

冬의 필순을 알아보고 알맞게 쓰세요.

丿 夂 冬 冬 冬

확인하기 · 冬에서 夂의 쓰임은 뒤쳐져 온다는 뜻이 아니라 실 끝에 매듭을 지은 모습이 바뀐 모양입니다.

📖 溫의 훈과 음을 읽어 보세요.

훈: 따뜻할   음: 온

🔍 溫이 만들어진 유래를 알아보세요.

氵 + 囚 + 皿 ▶ 溫

물 수   가둘 수   그릇 명

氵(물 수, 水의 변형)와 囚(가둘 수)와 皿(그릇 명)을 합한 한자입니다. 皿은 목욕통이고 囚는 그 안에서 목욕하고 있는 사람이라는 데서 따뜻하다, 익히다는 뜻을 나타내었습니다. 氵는 물을 나타내기 위해 더해진 한자입니다.

✏️ 빈 칸에 알맞게 쓰세요.

溫은 ☐ (물 수)와 囚 (가둘 수)와 皿 (그릇 명)을 합한 한자로 훈은 ☐ 이고, 음은 ☐ 입니다.

확인하기 水 : 물 수(A1-2)   囚 : 가둘 수   皿 : 그릇 명

🔍 溫의 부수와 총획수를 알아보고 빈 칸에 알맞게 쓰세요.

溫
따뜻할 온

부수 - 氵   총획 - 13획

▶ 氵는 '물 수' 입니다.
▶ 氵는 한자의 왼쪽에 쓰이면 '삼수변' 으로 읽습니다.

· 溫의 훈은 [　　] 이고, 음은 [　　] 입니다.

· 溫의 부수는 [　　] 이고, 총획은 [　　] 입니다.

✏️ 溫의 필순을 알아보고 알맞게 쓰세요.

丶 冫 氵 氵 沪 沪 泗 温 温 温 温

확인하기 • 温은 溫의 간체자입니다. 간체자(簡體字)는 중국에서 필획이 많고 복잡한 본래의 정자체를 줄여서 간단히 만든 한자를 말합니다. 곧 중국에서는 溫을 温으로 표기합니다.

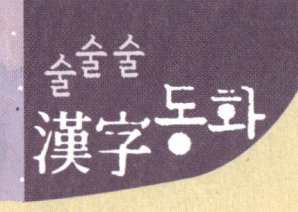

술술술 漢字동화

동화를 읽고 보기 에서 알맞은 한자나 음을 찾아 쓰세요.

냄새 맡은 값 2

겨울 ☐ 바람이 차갑게 불어오는 길을 터덜터덜 힘없이 걸어왔지요. 농부의 아내가 그 모습을 보고 물었습니다.

"여보, 왜 그리 힘이 없어요?" 농부는 조금 전의 일을 사실대로 말했습니다.

"큰일이네요. **봄** ☐ 에 뿌릴 씨앗을 사기 위해 모아 둔 돈밖에 없는데……."

"지난 **여름** ☐ 태풍만 닥치지 않았어도 **가을** ☐ 에 추수하여 돈을 모을 수 있었을텐데."

부부의 걱정하는 모습을 보던 농부의 아들이 말했습니다.

보기 春 夏 秋 冬

"걱정마세요. 아버지. 제게 좋은 꾀가 있어요. 그러니 씨앗 살 돈 조금만 주세요."
다음 날 아들은 그 돈을 들고 부잣집에 찾아갔습니다.
"냄새 맡은 값을 드리러 왔습니다!"
그리고는 짤랑짤랑 돈주머니를 흔들어 소리를 냈지요.
"자! 냄새 맡은 값입니다!"
"예끼 이 놈! 이게 무슨 짓이냐?"
"우리 아버지는 음식 구경도 못했습니다. 그런데도 냄새 맡은 값을 달라 하시니 저도 돈 소리만 들려 드린 거지요."
부자는 아무 말도 하지 못했답니다. 농부는 꾀 많은 아들 덕분에 따뜻한 봄이 와도 걱정이 없었겠지요? 씨앗을 뿌릴 돈을 잃지 않았으니 말이에요.

빈 칸에 알맞게 쓰고 春으로 이루어지는 한자어를 알아보세요.

1.

   우리 가족은 아버지의 직장 때문에 春川(   )으로 이사를 하였습니다.

2.

   조선 시대 건축물 남원 광한루가 바로 春香(   )이와 이도령이 만난 곳이지.

3.

川 : 내 천(A1-1)   香 : 향기 향(E3-11)   立 : 설 립(C2-6)   靑 : 푸를 청(D1-1)

夏로 漢字語 만들기

📖 빈 칸에 알맞게 쓰고 夏로 이루어지는 한자어를 알아보세요.

1. 春(봄 춘) + ☐(여름 하) → 春夏 (봄과 여름)

우리 나라는 사계절이 뚜렷한데 봄과 여름을 春夏(   ), 가을과 겨울을 추동이라고 합니다.

2. ☐(여름 하) + 至(이를 지) → 夏至 (이십사절기의 하나. 북반구에서 낮이 가장 긴 날)

24절기의 하나로서 낮이 가장 길고, 밤이 가장 짧은 한여름을 夏至(   )라고 합니다. 양력으로는 6월 21일이나 22일이 됩니다.

3.
立 ─┐
     ├─ 夏
春 ─┘
夏 ─── 至

→ 立夏 (입하) 이십사절기의 하나. 5월 6일경. 이 무렵에 여름이 시작된다고 함
→ 春夏 (춘하) 봄과 여름
→ ☐至 (하지) 이십사절기의 하나. 북반구에서 낮이 가장 긴 날

확인하기 至 : 이를 지   立 : 설 립(C2-6)

秋로 漢字語 만들기

빈 칸에 알맞게 쓰고 秋로 이루어지는 한자어를 알아보세요.

1.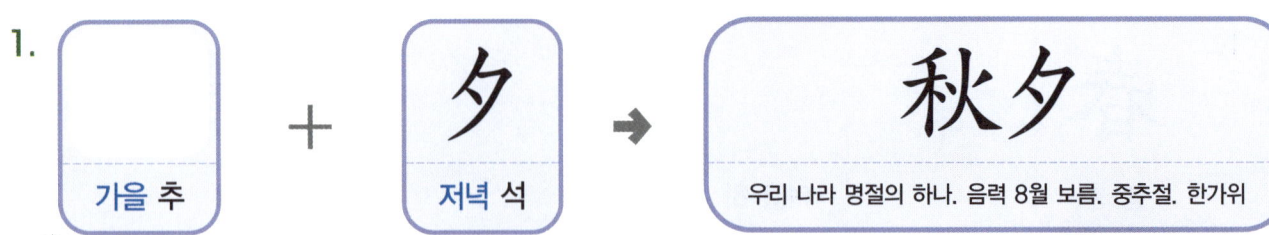

秋夕(   )이나 설날과 같은 명절에는 우리 가족은 시골 할머니 댁으로 내려 갑니다.

2.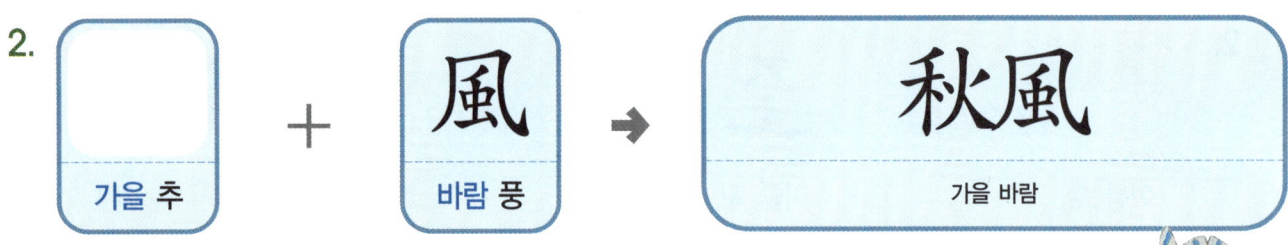

秋風(   )에 낙엽 떨어지듯 우리 학교 대표 선수들이 탈락하고 있었다. 그러던 중 전혀 예상 밖의 종목인 여자 하키에서 막강한 우승 후보를 물리쳤다는 소식이 들려왔다.

3.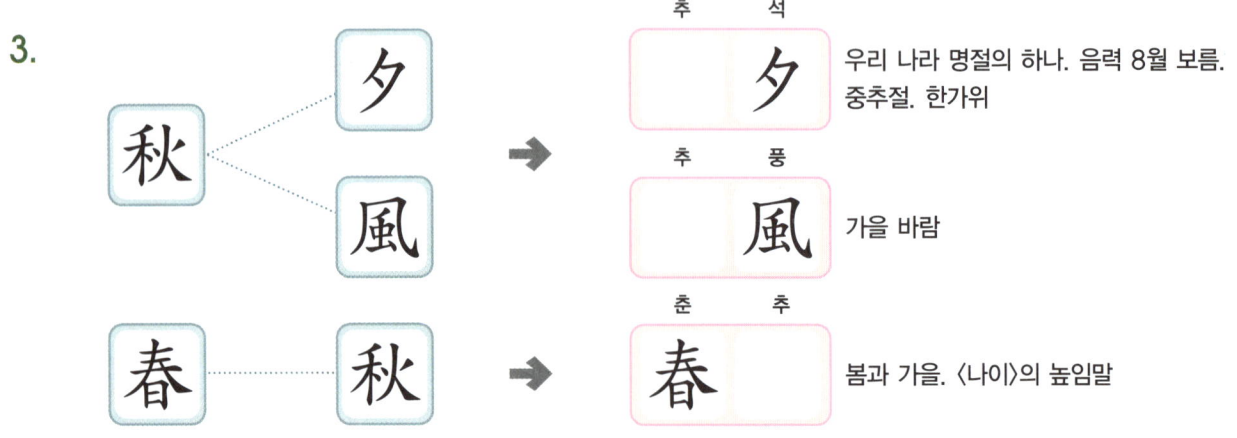

확인하기 夕 : 저녁 석(B4-14)   風 : 바람 풍(B3-11)

🍁 빈 칸에 알맞게 쓰고 冬으로 이루어지는 한자어를 알아보세요.

1.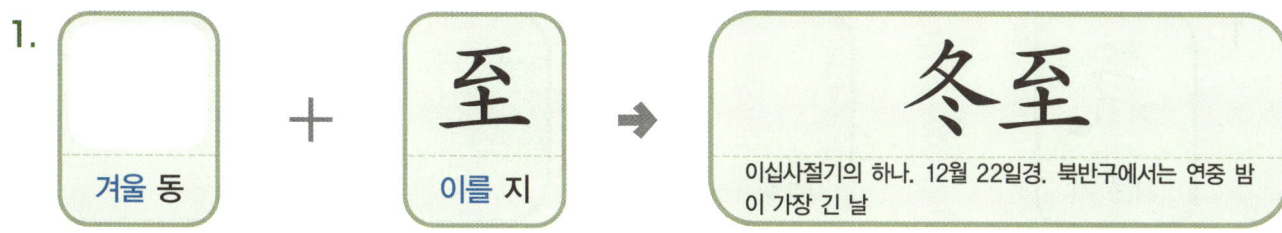

우리 조상들은 계절마다 제철에 나는 재료로 음식을 만들어 먹었다. 삼복에는 삼계탕, 추석에는 송편, 중양절에는 국화전, 冬至(   )에는 팥죽을 먹었다.

2.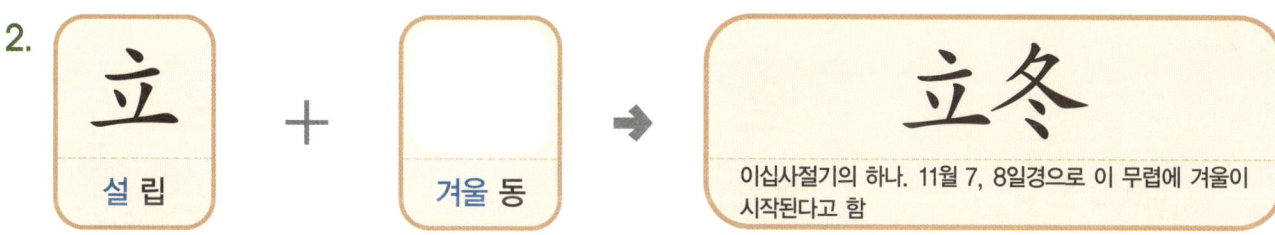

立冬(   )은 양력 11월 7, 8일 경으로, 이 때가 되면 물이 얼기 시작하고 찬바람이 붑니다. 우리 조상들은 立冬이 가까워지면 겨울을 나기 위한 준비를 하였습니다.

3.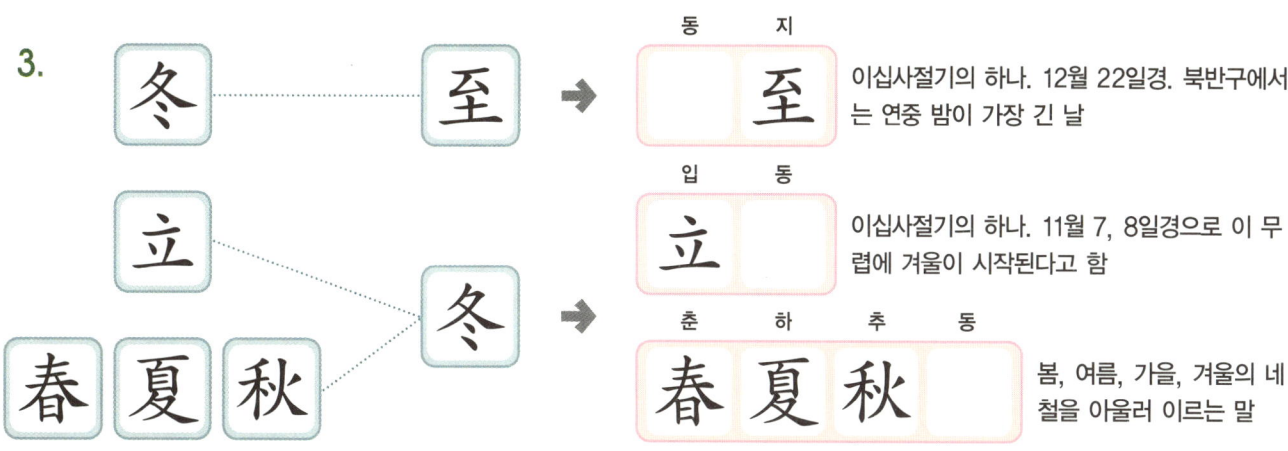

확인하기 至 : 이를 지   立 : 설 립(C2-6)

📖 빈 칸에 알맞게 쓰고 溫으로 이루어지는 한자어를 알아보세요.

1.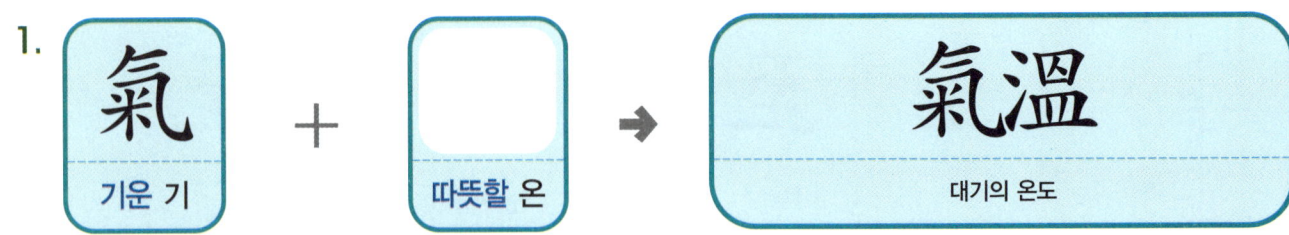

오늘은 여름과 같은 氣溫(　　　)을 보이고 있다. 수은주가 35°C까지 올라갔다.

2.

나는 어제 식물을 재배하는 유리 溫室(　　　)을 구경했다.

3.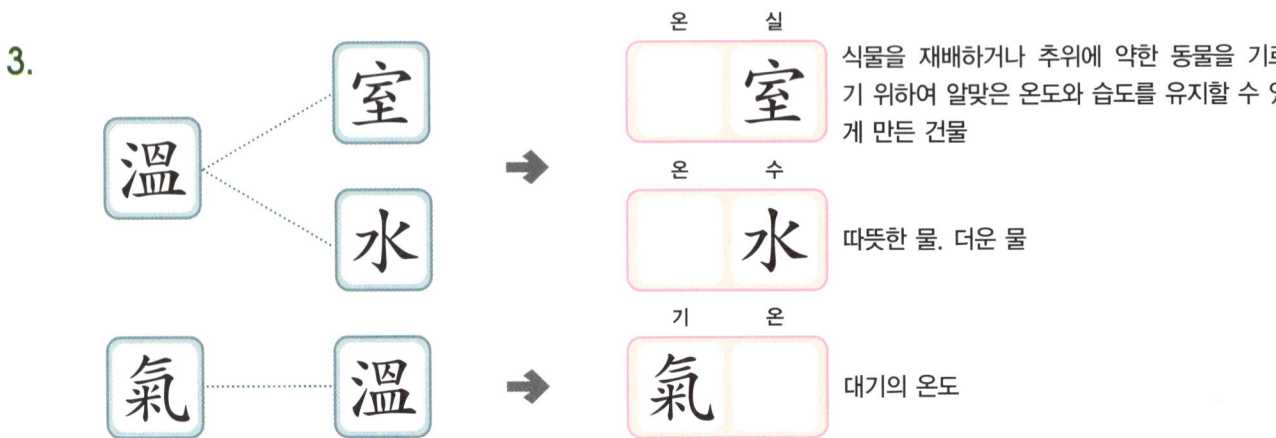

확인하기 氣 : 기운 기(G2-5)　　室 : 집 실(F2-6)　　水 : 물 수(A1-2)

新聞으로 배우는 漢字

신문 기사를 읽고 물음에 답하세요.

나도 新聞을 읽을 수 있어요!   제10호

[몸과 마음] 스키장, 잘 넘어져야 안 다친다

▲ 스키장 부상 대처법

지난달 18일 용평스키장을 시작으로 전국 13개 스키장들이 잇달아 문을 열고 있다. 10여년 전만 해도 스키는 일부 부유층이 즐기는 귀족 스포츠로 분류되었으나 요즘은 움츠러들기 쉬운 ㉠겨울에 활력을 불어넣는 대중 스포츠로 각광받고 있다.

1990년 56만명에 불과했던 스키어들이 지난해에는 500여 만명으로 늘어났으며, 최근에는 젊은 층을 중심으로 스노보드를 즐기는 사람도 부쩍 늘었다.

스키는 설원을 달리는 쾌감이 있어 다른 어떤 스포츠보다도 박진감이 넘치지만 충분한 준비운동 없이 타다가는 부상을 당하기 십상이다.

스키어의 0.5%가 부상하는 통계자료로 미루어볼 때 올해도 스키어들 가운데 2만5,000명이 넘는 부상자가 나올 것으로 예상된다. 특히 우리나라에서는 좁은 슬로프에 많은 사람이 스키를 타기 때문에 부상 위험도 더 높다. 스키장에서 일어날 수 있는 부상과 응급상황별 대처요령, 예방법 등을 알아본다.

▲ 부상 어떻게 대처하나

㉡現在 국내 스키장 실정과 이용객 수준을 감안하면 부상을 예방하는 방법은 '방어스키' 밖에 없다. 전방십자인대 부상은 스키 실력과 관계없이 누구나 당할 수 있는 사고이므로 이를 피하려면 일명 '낙법'을 익혀두는 것이 좋다. 넘어질 때 양팔을 의식적으로 앞으로 뻗고 다리와 스키를 가지런히 모으고 옆으로 쓰러져야 좋다. 팔을 뻗으면 다리가 무의식적으로 앞으로 모아져 충격을 최소화할 수 있다. 한 연구결과에 따르면 이 같은 동작을 익힌 사람은 전방십자인대 부상이 그렇지 않은 사람에 비해 62%나 낮다고 한다.

추운 날씨에 갑자기 스키를 타면 관절이나 인대, 근육이 쉽게 다칠 수 있으므로 워밍업과 스트레칭을 충분히 하고

시작해야 하며, 평소에도 운동을 통해 심폐 ㉢技能과 하체 근육을 강화하면 부상을 막는 데 도움이 된다.

스키로 인한 부상은 평일보다 주말이 3배 이상 많은데, 하루 중에는 오전 10~11시가 가장 부상이 적고, 피로도가 높은 시간대인 오후 3시쯤 가장 많이 다친다.

㉣氣溫 상승으로 눈이 녹아 스키의 회전력이 떨어진 것이 한 원인이다. 또 평균 3시간 정도를 탄 사람들의 부상 빈도가 가장 높다. 피로가 누적되면 집중력과 판단력이 떨어지므로 1시간 정도 스키를 탄 뒤 10분씩 쉬도록 한다.

[한국일보] 2004-11-30

1. ㉠의 뜻에 알맞은 한자를 쓰세요.

2. ㉡, ㉢, ㉣의 음을 쓰세요.

기탄한자 G3-157b

漢字語 다지기

春 夏 秋 冬 溫

빈 칸에 알맞은 음을 쓰고 필순에 맞게 한자를 쓰세요.

1. 春川 — 춘천
2. 立夏
3. 秋夕
4. 立冬
5. 溫水

一 二 三 亖 夫 未 春 春 春

春

一 丅 丆 丆 亓 百 百 頁 夏 夏

夏

丿 二 千 千 禾 禾 禾 秋 秋

秋

丿 夕 冬 冬 冬

冬

丶 冫 氵 汀 沪 沪 泗 泗 洞 渭 溫 溫 溫

溫 溫

빈 칸에 공통적으로 들어갈 한자를 쓰세요.

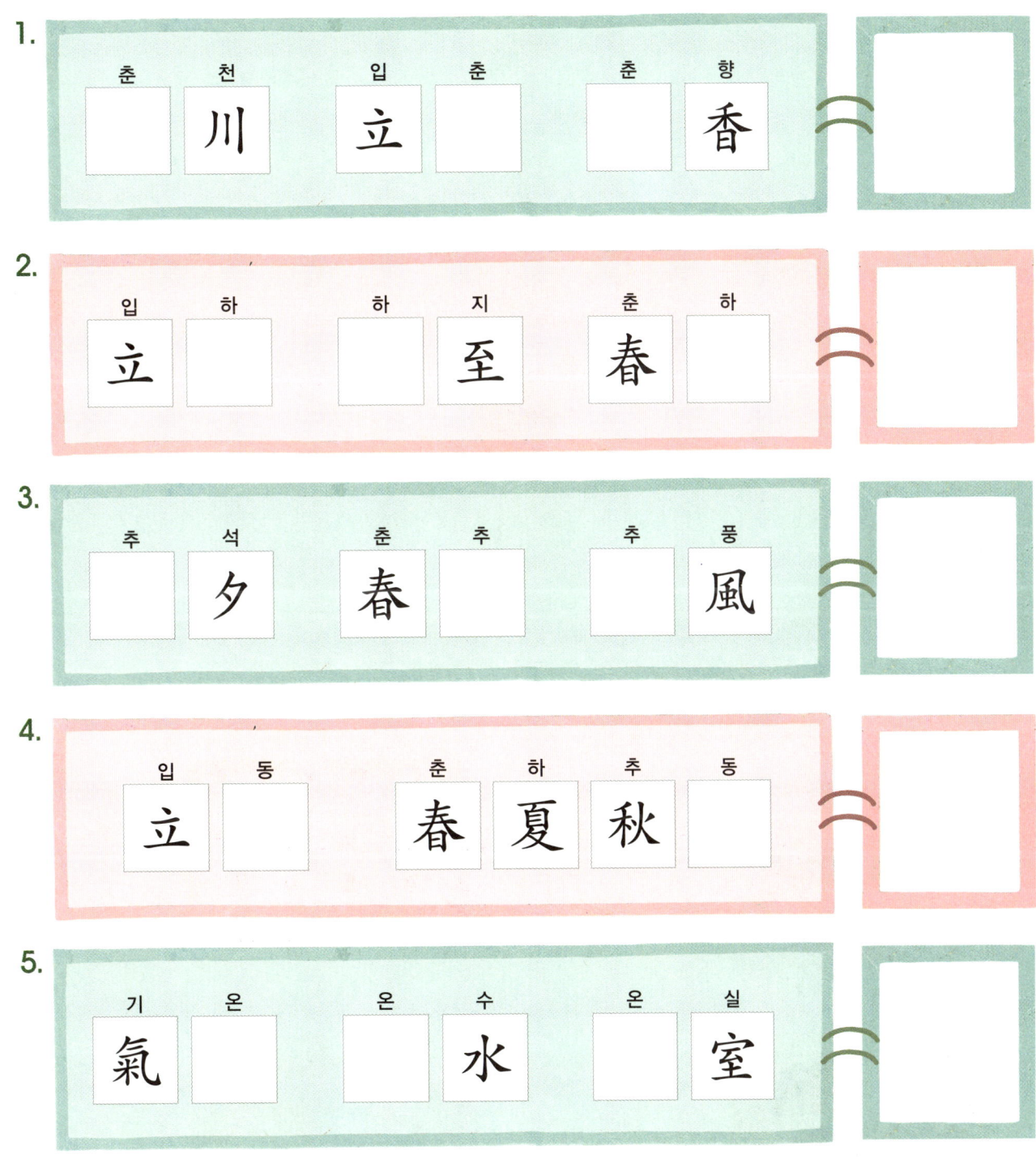

1. 서로 관련 있는 것끼리 선으로 이으세요.

秋 · · 겨울 · · 추
冬 · · 봄 · · 하
春 · · 따뜻할 · · 춘
夏 · · 여름 · · 동
溫 · · 가을 · · 온

2. 다음 빈 칸에 알맞은 한자를 쓰세요.

3. 다음 빈 칸에 공통적으로 들어갈 한자를 쓰세요.

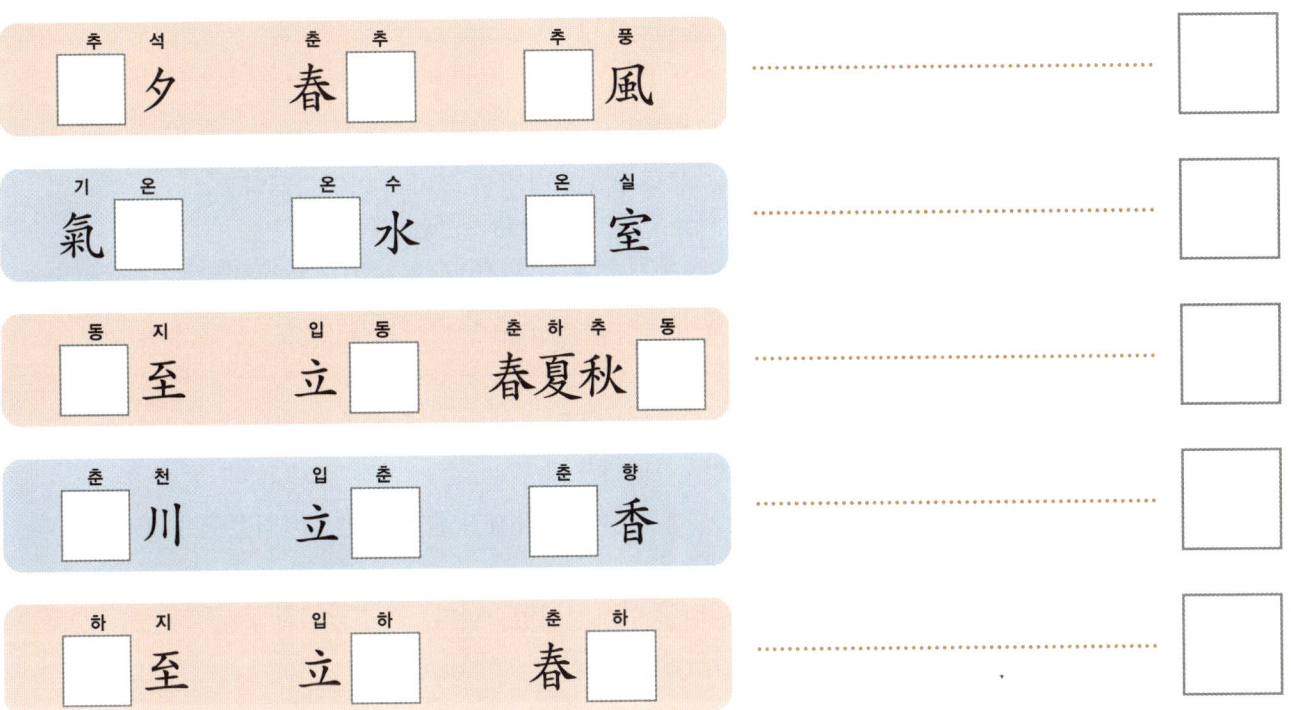

4. 다음 보기 에서 알맞은 한자어를 찾아 쓰세요.

| 보기 | 立春　　立夏　　秋夕　　立冬　　氣溫 |

- 내일이면 여름이 시작된다는 ☐☐(입하) 입니다.

- 오늘이 벌써 겨울이 시작된다는 ☐☐(입동) 입니다.

- 봄이 오면 대문에 ☐☐(입춘) 대길이라는 한자어를 써 붙이는 집이 있습니다.

- 환절기에는 낮과 밤의 ☐☐(기온) 차가 심하여 감기에 걸리기 쉽습니다.

- ☐☐(추석) 은 우리 나라 가장 큰 명절 중의 하나로 대보름, 한가위라고도 합니다.

시끌벅적 야단법석

어느 깊은 산 속에 조그만 절이 있었습니다.
이 절의 지장 스님은 덕망 높기로 소문나 사람들의 발길이 끊이지 않았습니다.
그런데 오늘따라 암자는 몰려온 사람들로 엄청나게 붐볐습니다.
발 디딜 틈도 없이 법당 안은 사람들로 가득 찼고, 미처 못 들어온 사람들은 바깥에 자리를 잡았습니다. 드디어 지장 스님이 나타나자, 웅성거리던 법당 주변이 찬물을 끼얹은 듯 조용해졌습니다.

"아주 작은 선행일지라도 소홀히 마십시오. 한 방울 물이 모여 항아리를 채웁니다.
세상의 행복도 작은 선행이 쌓여서 오는 겁니다."
지장 스님이 『법구경』 구절을 말씀하고 계시는데, 갑자기 바깥이 소란스러워졌습니다.
"안 들려요, 스님. 더 크게 말씀해 주세요."
법당 바깥에 있는 사람들이 잘 안 들린다며 아우성이었습니다.
"스님, 저희들에게도 자비로운 부처님의 말씀을 전해 주세요."
머리가 희끗희끗한 할머니가 소리쳤습니다.
그러자 지장 스님이 빙그레 웃음지으며 말했습니다.
"밖에다 단을 차리거라. 오늘은 바깥에서 부처님의 말씀을 전해야겠구나."
그러자 행자들이 곧바로 바깥(野)에다 단(壇)을 세워 법석(설법을 하는 자리)을 마련했습니다.
그 날 절에 모인 사람들은 지장 스님의 말씀을 하나도 빠뜨리지 않고 들을 수 있었습니다.

이처럼 바깥에 단을 차려 놓고 설법을 여는 것을 '야단법석(野壇法席)'이라고 합니다. 바깥에다 법석을 마련해야 할 정도로 사람들이 많으면 자연히 시끌벅적하게 마련입니다. 그래서 많은 사람이 모여 떠들썩한 것을 가리켜 '야단법석'이라고 합니다.

野 : 들 야   壇 : 단 단   法 : 법 법(D3-10)   席 : 자리 석

17. 青春 예 밑줄 친 한자들이 자랑고 있다.

① 青春   ② 立夏   ③ 秋夕   ④ 氣溫

18. ☐ 연휴 기간에 임시 열차를 운행할 계획입니다.

① 溫水   ② 秋夕   ③ 溫室   ④ 秋風

다음 <보기>에서 알맞은 한자어를 찾아 쓰세요.

<보기>   春川   立夏   秋夕   立冬

19.

입	하

20.

춘	천

평가 결과 및 향후 진도	
정답 수	
16~20문항	잘했어요. G3집 11운으로 진행하세요.
11~15문항	부족해요. 틀린 문제의 한자를 다시 학습한 후 G3집 11운으로 진행하세요.
10문항 이하	많이 부족해요. 이번 운을 복습한 후 다음 운으로 진행하세요.

왼쪽의 한자어가 되도록 바르게 연결하세요.

10. 빙하 · · 氣
11. 온실 · · 夏
12. 기온 · · 溫
   · 室
   · 氷
   · 溫

다음 보기 에서 알맞은 한자어를 찾아 쓰세요.

보기 秋風 秋夕 春 靑春

13. 스무 살 안팎의 젊은 나이를 비유하여 이르는 말
14. 가을 바람
15. 우리 나라 명절의 하나. 음력 8월 보름. 중추절, 한가위

다음 빈 칸에 알맞은 한자어를 고르세요.

16. 오늘 아침 ☐☐ 이 뚝 떨어졌다.

 春 봄 춘

 夏 여름 하

 秋 가을 추

 冬 겨울 동

 溫 따뜻할 온

春 夏 秋 冬 溫

봄 춘   여름 하   가을 추   겨울 동   따뜻할 온

夏　春

冬　秋

春夏秋冬溫　溫

G단계 10호 해답

145a 1. 물을 문, 오를 등, 마당 장, 살필/덜 성/생

2.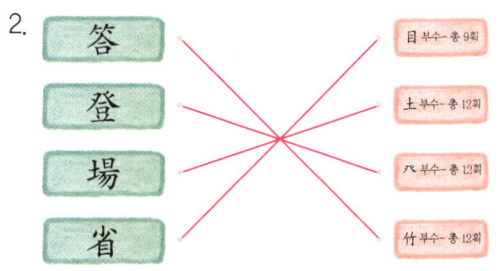

145b 3. 問安, 正答, 登山, 市場 4. 시간, 교문, 등교, 생활
146a 춘천, 입하
146b 추석, 동지
147a 기온
148a 艹, 日, 봄, 춘
148b 봄, 춘, 日, 9획
149a 여름, 하
149b 여름, 하, 夊, 10획
151a 火, 가을, 추
151b 가을, 추, 禾, 9획
152a 겨울, 동
152b 겨울, 동, 冫, 5획
153a 氵, 따뜻할, 온
153b 따뜻할, 온, 氵, 13획
154a 冬, 春, 夏, 秋
155a 1. 春, 춘천   2. 春, 춘향   3. 春, 春, 春
155b 1. 夏, 춘하   2. 夏, 하지   3. 夏, 夏, 夏
156a 1. 秋, 추석   2. 秋, 추풍   3. 秋, 秋, 秋
156b 1. 冬, 동지   2. 冬, 입동   3. 冬, 冬, 冬
157a 1. 溫, 기온   2. 溫, 온실   3. 溫, 溫, 溫
157b 1. 冬   2. ㉠ - 현재, ㉢ - 기능, ㉣ - 기온
158a 1. 춘천 2. 입하 3. 추석 4. 입동 5. 온수
158b 1. 春   2. 夏   3. 秋   4. 冬   5. 溫
159a 1. (연결선 그림)

2. 春, 夏, 秋, 溫
159b 3. 秋, 溫, 冬, 春, 夏
4. 立夏, 立冬, 立春, 氣溫, 秋夕

형성평가

1. ③ 2. ② 3. 秋, 가을 추
4. 春 5. 기온 6. 추석
7. 秋 8. 溫 9. 春
10. 입하 — 氣 — 夏
11. 온실 — 溫 — 室
12. 기온 — 立 — 溫
13. 靑春
14. 秋風
15. 秋夕
16. ④
17. ③
18. ②
19. 立夏
20. 春川

펴낸이 : 정지향
펴낸곳 : (주)기탄교육
기획·편집·디자인 : 기탄교육연구소
주소 : 06698 서울특별시 서초구 효령로 42 기탄출판문화센터
등록 : 제22-1740호
전화 : (02) 586-1007
팩스 : (02) 586-2337

※서점에 갈 시간이 없거나 구하기 어려운 분은 인터넷 또는 전화로 신청하세요. 즉시 우송해 드립니다.
● www.gitan.co.kr

ⓒ 2005 (주)기탄교육 All rights reserved.
저작권자의 동의 없이 본 교재를 무단으로 복제하거나 전재하는 것을 금합니다.

G단계에서 배운 한자들

| 春 봄 춘 | 夏 여름 하 | 秋 가을 추 | 冬 겨울 동 | 溫 따뜻할 온 |

問 물을 문	答 대답할 답	登 오를 등	場 마당 장	省 살필/덜 성/생
現 나타날 현	在 있을 재	協 도울 협	商 장사 상	事 일 사	社 모일 사	會 모일 회	技 재주 기	能 능할 능	部 거느릴/떼 부
夜 밤 야	景 볕 경	成 이룰 성	功 공 공	者 사람 자	時 때 시	間 사이 간	空 빌 공	氣 기운 기	集 모일 집
果 열매 과	實 열매 실	夫 남편 부	婦 아내 부	美 아름다울 미	重 무거울 중	要 요긴할 요	活 살 활	動 움직일 동	得 얻을 득

♥ 엄마가 한자나 한자어를 부르고 아이가 받아쓰도록 합니다.

11호

기탄교과서한자 G단계 3집 161a~176a

G3집
129a-192a

G3집
11호
161a-176a

초등 교과서 한자어를 총체 분석한 어휘력 향상 한자 학습 프로그램

기탄 교과서 한자

공부한 날	월 일 ~ 월 일
	교 반
이름	전화

www.gitan.co.kr

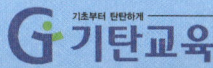

G단계 학습 한자 일람

	G단계						
1집	果,實,夫,婦,美	2집	時,間,空,氣,集	3집	問,答,登,場,省	4집	物,件,發,電,書
	重,要,活,動,得		現,在,協,商,事		春,夏,秋,冬,溫		高,低,苦,樂,朝
	夜,景,成,功,者		社,會,技,能,部		貴,愛,病,死,敬		眞,理,學,習,賞
	복습		복습		복습		복습

학습 진단 관리표

	한자		한자어		이번 주는
	읽기	쓰기	읽기	쓰기	
금주평가	Ⓐ아주 잘함	Ⓐ아주 잘함	Ⓐ아주 잘함	Ⓐ아주 잘함	● 학습방법 ❶매일매일 ❷가끔 ❸한꺼번에 하였습니다.
	Ⓑ잘함	Ⓑ잘함	Ⓑ잘함	Ⓑ잘함	● 학습태도 ❶스스로 잘 ❷시켜서 억지로 하였습니다.
	Ⓒ보통	Ⓒ보통	Ⓒ보통	Ⓒ보통	● 학습흥미 ❶재미있게 ❷싫증내며 하였습니다.
	Ⓓ노력해야 함	Ⓓ노력해야 함	Ⓓ노력해야 함	Ⓓ노력해야 함	● 교재내용 ❶적합하다고 ❷어렵다고 ❸쉽다고 하였습니다.

지도 교사가 부모님께   부모님이 지도 교사께

종합평가   Ⓐ아주 잘함   Ⓑ잘함   Ⓒ보통   Ⓓ노력해야 함

- 다시보기를 통하여 春, 夏, 秋, 冬, 溫의 훈, 음, 형, 한자어를 복습합니다.
- 이번 주에 학습할 貴, 愛, 病, 死, 敬의 용례를 문장 속에서 찾아봅니다.
- 인물 이야기 '독립운동가 안중근 의사'를 읽고 이번 주 학습 한자를 찾아봅니다.

- 알아보기를 통하여 貴, 愛의 3요소와 필순, 부수를 학습합니다.
- 貴, 愛의 자원을 이해하고 간체자를 익혀 봅니다.
- 만화로 고사성어 難兄難弟의 뜻과 쓰임을 알아보고 적절한 때 사용할 수 있습니다.

- 알아보기를 통하여 病, 死, 敬의 3요소와 필순, 부수를 학습합니다.
- 病, 死, 敬의 자원을 이해하고 부수의 명칭은 선택적으로 학습합니다.
- 동화 '아버지의 유서'를 읽고 학습한 한자를 이야기 속에서 활용해 익힙니다.

- 한자 貴, 愛, 病, 死, 敬과 다른 한자를 결합하여 한자어를 익힙니다.
- 알고 있는 한자와 결합하여 한자어를 만들어 보고 造語(조어) 원리를 알 수 있습니다.
- 신문 기사를 읽고 기사문 속에 한자의 3요소를 적용하여 학습합니다.

- 이번 주에 학습한 한자, 한자어 학습을 마무리합니다.
- 풀어보기를 통해 학습 한자를 정리하고 읽을거리 '살림살이의 소중함'을 읽어 봅니다.
- 형성평가를 풀이하여 한 주 학습의 성취도를 스스로 진단합니다.

1. 다음 빈 칸에 알맞은 훈음을 쓰세요.

2. 서로 관련 있는 것끼리 선으로 이으세요.

3. 다음 보기 에서 알맞은 한자어를 찾아 쓰세요.

보기: 氣溫　　　立冬　　　秋夕　　　春川

- 강원도 서부에 있는 시 …… 春 川
- 우리 나라 명절의 하나. 음력 8월 보름. 중추절. 한가위 …… 秋 夕
- 이십사절기의 하나. 11월 7, 8일경으로 이 무렵에 겨울이 시작된다고 함 …… 立 冬
- 대기의 온도 …… 氣 溫

4. 다음 보기 에서 알맞은 음을 찾아 쓰세요.

보기: 명산　　　춘하추동　　　각각　　　대표

1998년 9월부터 금강산 관광이 시작되었다. 금강산 일만이천봉 기암괴석이 이루는 장관은 실로 변화무쌍해서 春夏秋冬[춘][하][추][동] 불리우는 이름이 各各[각][각] 다르다. 봄에는 금강, 여름에는 봉래, 가을에는 풍악, 겨울에는 개골산이라 불리워진다. 우리 나라의 가장 代表[대][표]적인 名山[명][산]이다.

貴, 愛가 쓰인 문장을 읽고 빈 칸에 한자어의 음을 쓰세요.

사람은 누구나 **貴重(귀중)**하고 존엄합니다.
남자나 여자나 모두 사람으로서의 권리를 누려야 합니다.

貴 重
☐ ☐

우리 삼형제는 **友愛(우애)**에 금이 가지 않게 하려고 애를 썼다.

友 愛
☐ ☐

확인하기 重 : 무거울 중(G1-2)   友 : 벗 우(C1-2)

病, 死가 쓰인 문장을 읽고 빈 칸에 한자어의 음을 쓰세요.

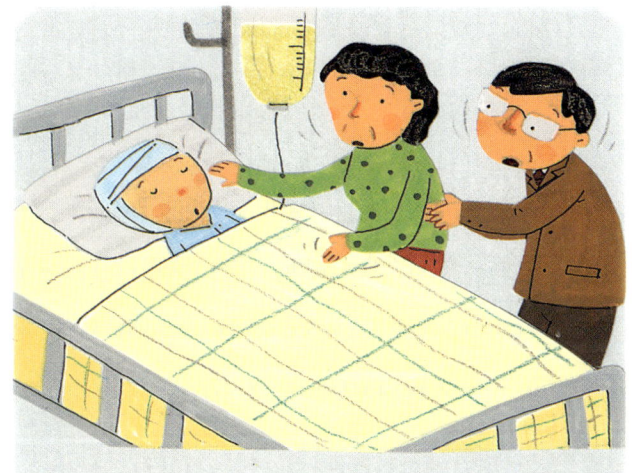

간호하는 아주머니와 **問病(문병)** 온 아저씨가 근심스러운 얼굴로 주고받는 이야기를 들었습니다.

問 病

통일이 되면 혈육과 헤어져 **生死(생사)**조차 확인되지 않는 상황에서 살아가는 이산 가족의 슬픔을 줄일 수 있습니다.

生 死

問 : 물을 문(G3-9)   生 : 날 생(B1-3)

敬이 쓰인 문장을 읽고 빈 칸에 한자어의 음을 쓰세요.

敬老(경로) 잔치에 참석하신 할아버지와 할머니 앞에서 학생대표로 인사말을 했습니다.

貴, 愛, 病, 死, 敬이 쓰인 한자어의 음을 읽어 보세요.

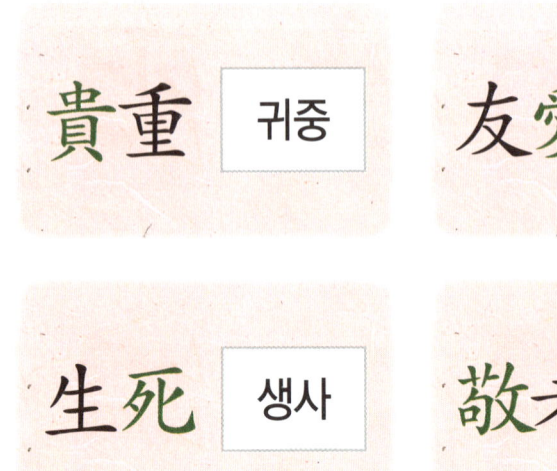

貴重 　귀중　　　友愛 　우애　　　問病 　문병

生死 　생사　　　敬老 　경로

老 : 늙을 로(D2-6) 　重 : 무거울 중(G1-2) 　友 : 벗 우(C1-2) 　問 : 물을 문(G3-9) 　生 : 날 생(B1-3)

인물 이야기를 통해 貴, 愛, 死, 敬의 훈음을 알아보세요.

독립운동가 안중근 의사

안중근은 황해도 출생으로 교육가이자 의병장이었습니다. 또한 우리 나라의 독립을 위해 많은 활동을 하신 분입니다. 평양에서 상점을 경영하다 우리나라가 일본의 식민지가 되자 상점을 판 **귀(貴)**중한 돈으로 학교를 세웠습니다. 그 곳에서 인재를 양성하다 나라의 국운이 기울게 되자 중국으로 망명하여 본격적으로 독립운동에 나서게 됩니다. 1909년 하얼빈 역에서 일본의 수장인 이토 히로부미를 권총으로 사살한 그는 감옥에 갇히게 됩니다. 그러나 그의 나라를 **사랑(愛)** 하는 마음은 일본인 간수까지 존**경(敬)**심을 갖게 하였다 합니다. **사(死)**형이 집행될 때까지 6개월 간을 감옥에서 보내면서 그는 하루도 책 읽는 일을 게을리하지 않았습니다.

어느 날 일본인 간수가 물었습니다.

"곧 **죽게(死)** 될 거면서 무엇하러 책을 읽습니까?"

그 때 그가 남긴 말은 매우 유명합니다.

"하루라도 책을 읽지 않으면 입 속에 가시가 생길 것이다. 나는 그저 책을 통해 배우고 익힐 따름이다."

재판을 받고 **사(死)**형을 당할 때까지도 그는 한치도 굽히지 않는 **애(愛)**국심을 보여 주어서 많은 이들의 존**경(敬)**을 받았다고 합니다.

貴 : 귀할 귀   愛 : 사랑 애   死 : 죽을 사   敬 : 공경 경

안중근 [安重根, 1879 ~ 1910.3.26]
조선 말기의 교육자이자 독립운동가입니다.
황해도 해주에서 출생했으며 카톨릭 신부로부터 신식 학문을 배웠습니다. 평양에서 상점을 경영하던 중 을사조약이 체결된 것을 알고 학교를 세웠으며 연해주로 건너가 의병 활동을 시작했습니다. 1909년 만주 하얼빈에서 일본의 우두머리 이토 히로부미를 사살하고 일본 감옥에 갇혀 이듬해 3월 사형을 당했습니다.

📖 **貴**의 훈과 음을 읽어 보세요.

훈: 귀할   음: 귀

🔍 **貴**가 만들어진 유래를 알아보세요.

윗부분은 제사에 사용하던 흙을 손으로 움켜쥐고 있는 모습을 나타냈고, 나중에 돈으로 사용되던 貝(조개 패)를 아래에 덧붙여 귀하다, 귀하게 여기다라는 뜻을 나타낸 한자입니다.

✏️ 빈 칸에 알맞게 쓰세요.

> **貴**는 제사에 사용하던 흙을 손으로 움켜쥐고 있는 모습에 돈을 뜻하는 貝를 더해 만든 한자로 **훈**은 ☐ 이고, **음**은 ☐ 입니다.

확인하기 貝 : 조개 패(B3-9)   • 貴에서 쓰인 貝는 단순한 조개가 아니라 화폐로 쓰였던 것에서 '귀하다'는 뜻을 더했습니다.

🌏 貴의 부수와 총획수를 알아보고 빈 칸에 알맞게 쓰세요.

貴
귀할 귀

부수 - 貝   총획 - 12획

▶ 貝는 '조개 패' 입니다.

· 貴의 **훈**은 ☐ 이고, **음**은 ☐ 입니다.

· 貴의 **부수**는 ☐ 이고, **총획**은 ☐ 입니다.

✏️ 貴의 필순을 알아보고 알맞게 쓰세요.

丶 口 口 中 虫 串 岪 贲 青 青 貴 貴

확인하기 • 贵는 貴의 간체자입니다. 간체자(簡體字)는 중국에서 필획이 많고 복잡한 본래의 정자체를 줄여서 간단히 만든 한자를 말합니다. 곧 중국에서는 貴를 贵로 표기합니다.

기탄한자 G3-164b

📖 愛의 훈과 음을 읽어 보세요.

훈 : 사랑   음 : 애

🔍 愛가 만들어진 유래를 알아보세요.

두근거리는 가슴으로 사랑하는 사람을 향해 걷는 사나이를 표현한 한자입니다. 윗부분은 사람의 벌린 입을 나타내고, 가운데 부분은 사람의 심장(心)을 나타내고 夊(천천히 걸을 쇠)는 걷는 것을 표현하여 사랑, 그리워하다, 아끼다를 뜻합니다.

✏️ 빈 칸에 알맞게 쓰세요.

愛는 두근거리는 가슴으로 사랑하는 사람을 향해 걷는 사나이를 표현한 한자로

훈은 ☐ 이고, 음은 ☐ 입니다.

확인하기 心 : 마음 심(B1-3)   夊 : 천천히 걸을 쇠   • 心의 모양은 忄, ⺗으로 바뀌기도 합니다. 예) 情(뜻 정), 恭(공손할 공)

🌙 愛의 부수와 총획수를 알아보고 빈 칸에 알맞게 쓰세요.

愛 사랑 애	부수 - 心　　총획 - 13획
	▶心은 '마음 심' 입니다.

- 愛의 **훈**은 ☐ 이고, **음**은 ☐ 입니다.
- 愛의 **부수**는 ☐ 이고, **총획**은 ☐ 입니다.

✏️ 愛의 필순을 알아보고 알맞게 쓰세요.

확인하기 • 爱는 愛의 간체자입니다. 간체자(簡體字)는 중국에서 필획이 많고 복잡한 본래의 정자체를 줄여서 간단히 만든 한자를 말합니다. 곧 중국에서는 愛를 爱로 표기합니다.

難 : 어려울 난　　兄 : 형/맏 형　　難 : 어려울 난　　弟 : 아우 제

難兄難弟
난형난제

둘이 서로 비슷하여 어느 편이 낫다고 판단할 수 없는 경우에 쓰이는 말입니다. 한나라 진원방의 아들 장문과 그의 사촌, 즉 계방의 아들 효선이, 서로 자기 아버지의 공덕이 더 훌륭하다고 주장하다가 결말이 나지 않으므로 할아버지인 진식에게 가서, 이에 대한 판정을 내려주실 것을 호소하였다. 그러자 진식은 "원방도 형 되기가 어렵고 계방도 동생 되기가 어렵다"라고 대답한 데서 유래한 성어입니다.

📖 病의 훈과 음을 읽어 보세요.

훈:병 음:병

病이 만들어진 유래를 알아보세요.

疒 + 丙 ➔ 病

병들 녁 　　　셋째 천간 병

疒(병들 녁)과 丙(셋째 천간 병)을 합한 한자로 疒은 병이 들어 땀을 뻘뻘 흘리면서 침대에 누워 있는 모습을 나타내 병, 아프다라는 뜻이 되었습니다. 丙이 그대로 음이 되었습니다.

빈 칸에 알맞게 쓰세요.

病은 　疒　(병들 녁) 과 　丙　(셋째 천간 병) 을 합한 한자로

훈은 □ 이고, 음은 □ 입니다.

확인하기 　疒 : 병들 녁　　丙 : 셋째 천간 병

🌙 病의 부수와 총획수를 알아보고 빈 칸에 알맞게 쓰세요.

病
병 병

부수 – 疒   총획 – 10획

▶ 疒은 '병들 녁(병질 엄)' 입니다.

· 病의 **훈**은 [　　] 이고, **음**은 [　　] 입니다.
· 病의 **부수**는 [　　] 이고, **총획**은 [　　] 입니다.

✏️ 病의 필순을 알아보고 알맞게 쓰세요.

丶 亠 广 疒 疒 疒 病 病 病

확인하기 • 疒은 병을 나타내며 疒이 부수로 쓰이면 주로 질병과 관련된 뜻을 나타냅니다. 예) 疾(병 질), 痛(아플 통), 癌(암 암)

📖 死의 훈과 음을 읽어 보세요.

훈 : 죽을 음 : 사

🔍 死가 만들어진 유래를 알아보세요.

歹 + 匕 ➡ 死

뼈 알   비수 비

歹(뼈 알)과 匕(비수 비)를 합한 한자입니다. 죽은 사람의 뼈(歹) 앞에 사람이 꿇어 앉아(匕) 슬퍼하는 모습에서 죽다라는 뜻을 나타내게 된 한자입니다.

✏️ 빈 칸에 알맞게 쓰세요.

死는 [歹] (뼈 알)과 [匕] (비수 비)를 합한 한자로 훈은 [　] 이고, 음은 [　] 입니다.

확인하기 歹 : 뼈 알   匕 : 비수 비   • 死에서 匕는 비수라는 뜻이 아니라 '꿇어 앉아 있는 사람의 모습'을 나타냅니다.

🌙 死의 부수와 총획수를 알아보고 빈 칸에 알맞게 쓰세요.

死
죽을 사

부수 – 歹   총획 – 6획

▶ 歹은 '뼈 알' 입니다.

· 死의 **훈**은 ☐ 이고, **음**은 ☐ 입니다.

· 死의 **부수**는 ☐ 이고, **총획**은 ☐ 입니다.

✏️ 死의 필순을 알아보고 알맞게 쓰세요.

一 ㄱ ㄅ 歹 歹 死

死 死 死 死

📖 敬의 훈과 음을 읽어 보세요.

훈 : 공경   음 : 경

敬이 만들어진 유래를 알아보세요.

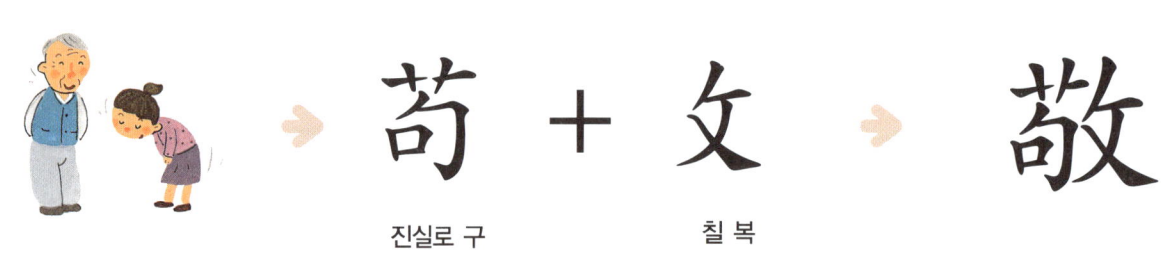

苟 + 攵 → 敬

진실로 구   칠 복

苟(진실로 구)와 攵(칠 복, 攴의 변형)을 합한 한자입니다. 苟는 머리에 장식을 한 여인이 꿇어 앉아 말하는 것도 조심하는 모양인데, 때리다라는 攵을 덧붙여 더욱 더 공손하다, 공경하다라는 뜻을 나타내게 된 한자입니다.

빈 칸에 알맞게 쓰세요.

敬은 苟 (진실로 구) 와 攵 (칠 복) 을 합한 한자로

훈은 ☐ 이고, 음은 ☐ 입니다.

확인하기 苟 : 진실로 구   攵 : 칠 복   • 敬에서 苟는 진실로라는 뜻으로 쓰이지 않고 '머리에 장식을 한 여인이 꿇어 앉아 있는 모습'을 나타냅니다.

🌏 敬의 부수와 총획수를 알아보고 빈 칸에 알맞게 쓰세요.

敬
공경 경

부수 - 攵(攴) 총획 - 13획

▶攵은 '칠 복' 입니다.

· 敬의 **훈**은 ☐ 이고, **음**은 ☐ 입니다.

· 敬의 **부수**는 ☐ 이고, **총획**은 ☐ 입니다.

✏️ 敬의 필순을 알아보고 알맞게 쓰세요.

丶 ⺾ ⺾ 艹 扩 苎 苟 苟 苟 芍 敬 敬 敬

확인하기 • 攴이 부수로 쓰이면 攵으로 모양이 바뀝니다. 攵은 文(글월 문)과는 다른 한자입니다.

술술술 漢字동화

동화를 읽고 보기 에서 알맞은 한자나 음을 찾아 쓰세요.

아버지의 유서 1

한 지혜로운 남자가 있었습니다. 그는 하나밖에 없는 **귀한** ☐ 아들을 멀리 도시에 있는 학교에 유학 보내고 혼자 살았습니다. 그런데 아들이 공부를 마치고 돌아오기 전에 큰 **병** ☐ 에 걸리고 말았습니다. 그에게는 그를 공경하고 따르는 노예가 있었습니다. 어느 날 주인을 정성껏 간호하던 노예가 물었습니다.

"제가 아드님을 모셔 올까요?"

"아니다, 내 명이 얼마 남지 않은 것 같다. 그때까지 내가 버티기 힘들 것 같구나."

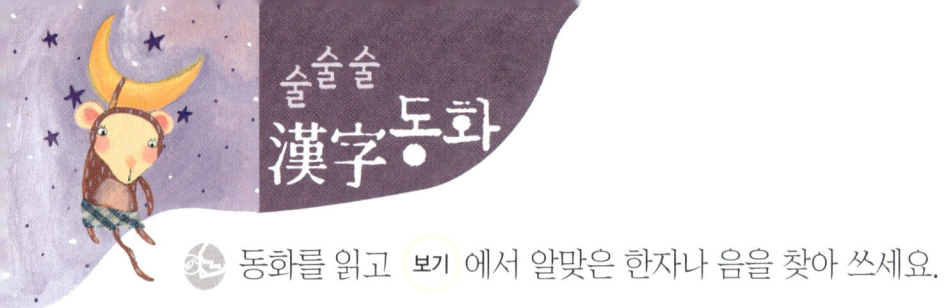

보기 愛　死　貴　病　소중　내용

그는 **사랑하는** ☐ 아들에게 남기는 유서를 썼습니다.

그런데 그 유서의 內容 ☐☐ 은 몹시 놀라웠습니다.

"내 재산을 모두 노예에게 준다. 단 아들에게는 내 재산 중에서 그가 가장 바라는 것 한 가지만 갖게 하라."

얼마 지나지 않아 그는 병을 이기지 못하고 그만 **죽고** ☐ 말았습니다.

노예는 하루 아침에 부자가 되었지요. 노예는 물려받은 재산을 所重 ☐☐ 히 간수해 두고 유서를 들고 아들에게로 갔습니다. 노예에게 아버지가 돌아가셨다는 말을 들은 아들은 크게 슬퍼했습니다.

— 계속 —

所 : 곳/바 소(D1-2)　　重 : 무거울 중(G1-2)　　內 : 안 내(C2-5)　　容 : 얼굴 용(F1-2)

📖 빈 칸에 알맞게 쓰고 貴로 이루어지는 한자어를 알아보세요.

1.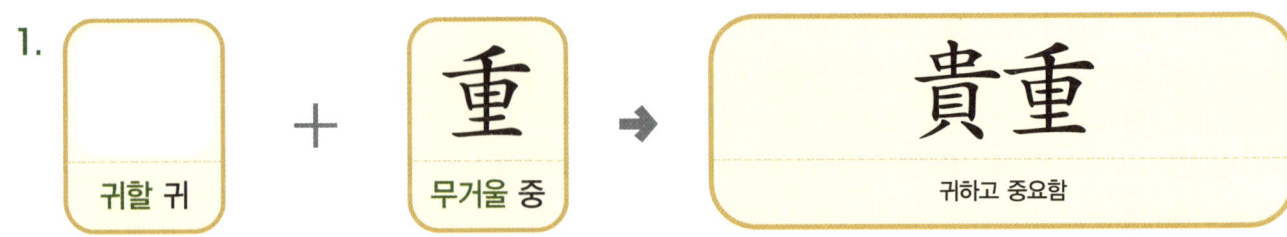

세계 문화 유산은 세계적으로 가치가 있는 **貴重**(　　　)한 문화 유산을 보호하고 가꾸기 위하여 유네스코가 지정한 문화 유산입니다.

2.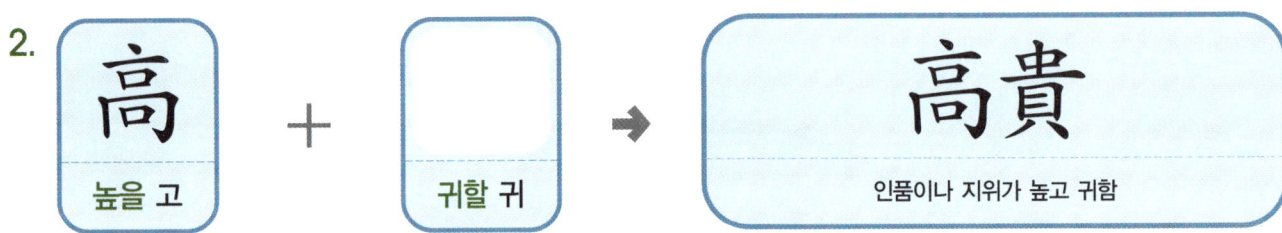

홍익인간이란, 널리 인간 세계를 이롭게 한다는 뜻이다. 이것은 사람을 소중하게 여기고 평화를 사랑하는 우리 조상들의 **高貴**(　　　)한 정신을 나타낸 것이다.

3.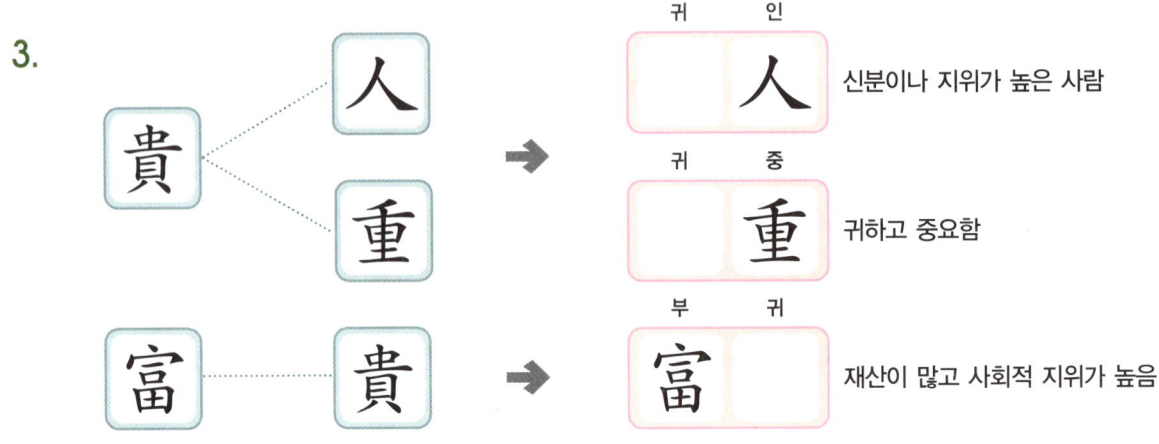

확인하기　重 : 무거울 중(G1-2)　　高 : 높을 고(G4-14)　　人 : 사람 인(A3-11)　　富 : 부유할 부(D2-6)

愛로 漢字語 만들기

빈 칸에 알맞게 쓰고 愛로 이루어지는 한자어를 알아보세요.

1.  벗 우 +  사랑 애 →  友愛
형제 간이나 친구 사이의 도타운 정과 사랑

형님이 말했어요. "이 금덩어리의 주인을 찾아 주자! 이 금덩어리 때문에 형제 간의 **友愛**(　　　)를 해칠 수 없다."

2.  사랑 애 +  나라 국 →  愛國
자기 나라를 사랑함

해외에서는 누구나 **愛國**(　　　)자가 된다더니…… 愛國가가 울려 퍼지고 국기가 게양되자 나도 모르게 눈시울이 붉어졌습니다.

3. 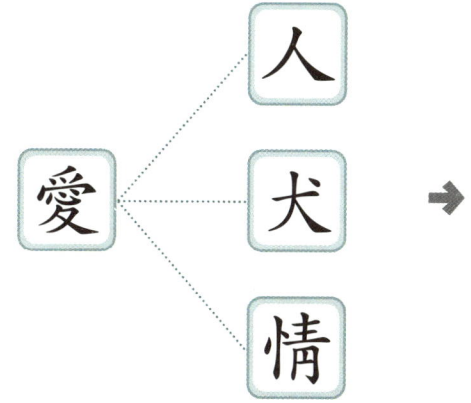 →

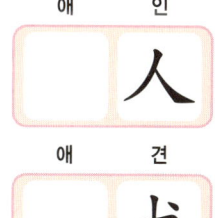 애 인 人 　이성 간의 사랑하는 사람. 남을 사랑함

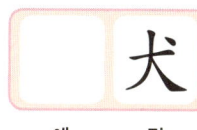 애 견 犬 　개를 사랑함. 귀여워하며 기르는 개

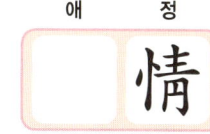 애 정 情 　사랑하는 정. 사랑하고 귀여워하는 마음

확인하기 友 : 벗 우(C1-2)　國 : 나라 국(D4-13)　人 : 사람 인(A3-11)　犬 : 개 견(B1-1)　情 : 뜻 정(F4-14)

빈 칸에 알맞게 쓰고 病으로 이루어지는 한자어를 알아보세요.

1.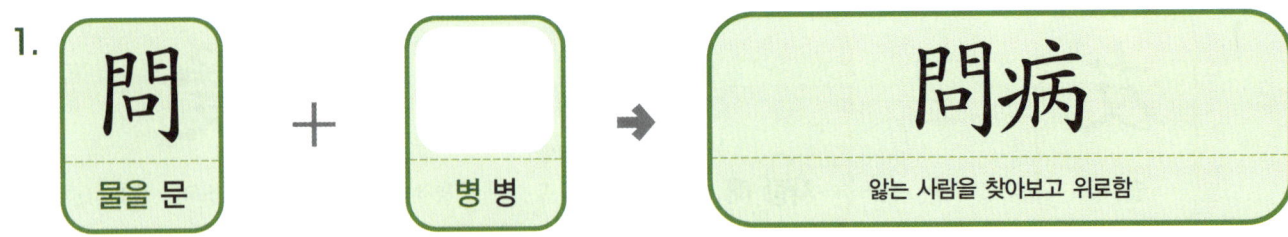

오늘은 일주일째 결석을 하고 있는 은지에게 問病(   )을 갔다.. 우리를 보자 은지 얼굴이 환하게 밝아졌다.

2.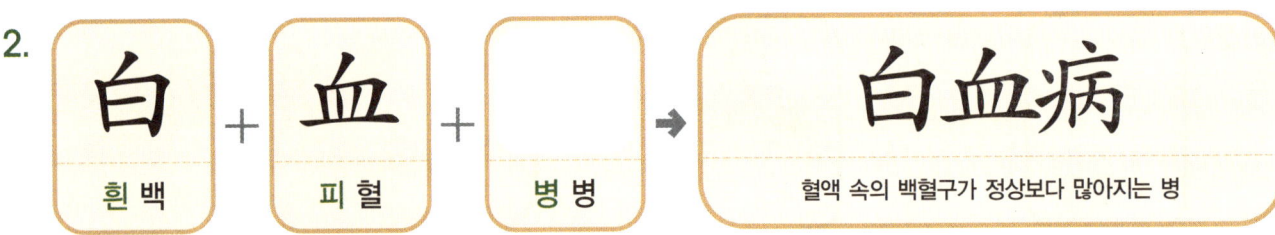

白血病(   )으로 병원에 입원해서 치료를 받고 있는 꼬마의 이야기가 방송되었습니다.

3.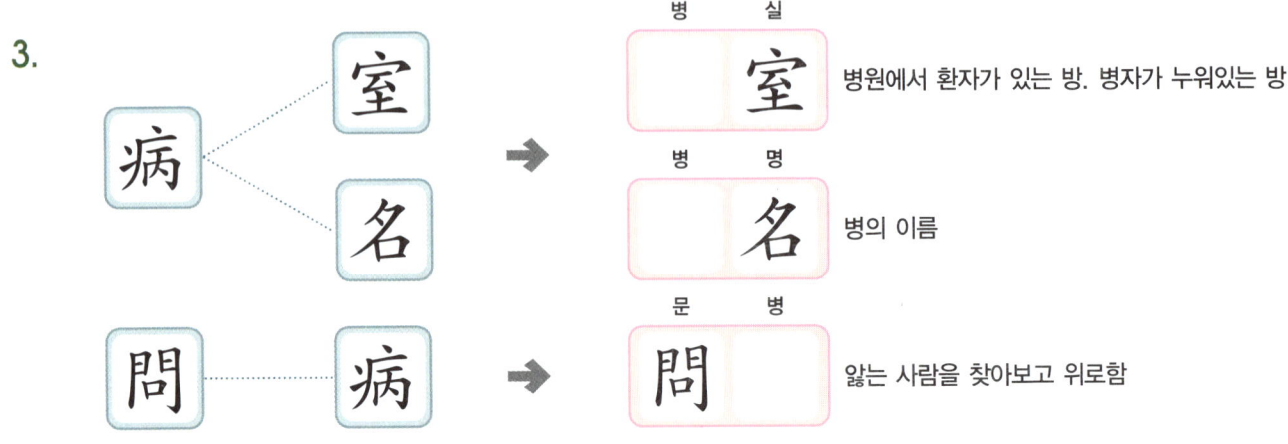

확인하기 問 : 물을 문(G3-9)   白 : 흰 백(B2-7)   血 : 피 혈(C1-3)   室 : 집 실(F2-6)   名 : 이름 명(D1-2)

死로 漢字語 만들기

📖 빈 칸에 알맞게 쓰고 死로 이루어지는 한자어를 알아보세요.

1.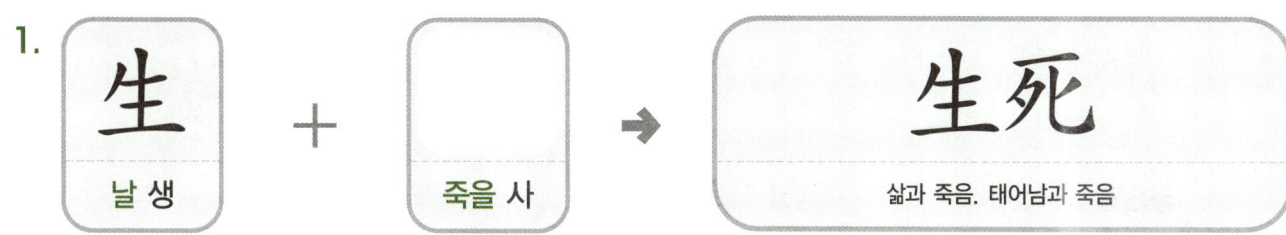

그 할머니는 항상 동네 어귀의 장승 앞에서 돌을 쌓으며 무언가를 빌었다. 그것은 바로 3년 전에 바다에 나간 아들의 生死(　　　)를 모르기 때문이었다.

2.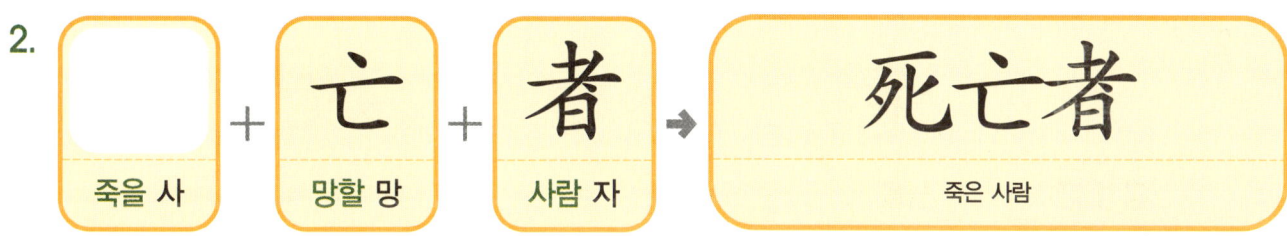

어린이 교통 사고 死亡者(　　　)의 수는 초등 학생 미만의 어린이가 전체의 53퍼센트 정도를 차지하고 있다.

3.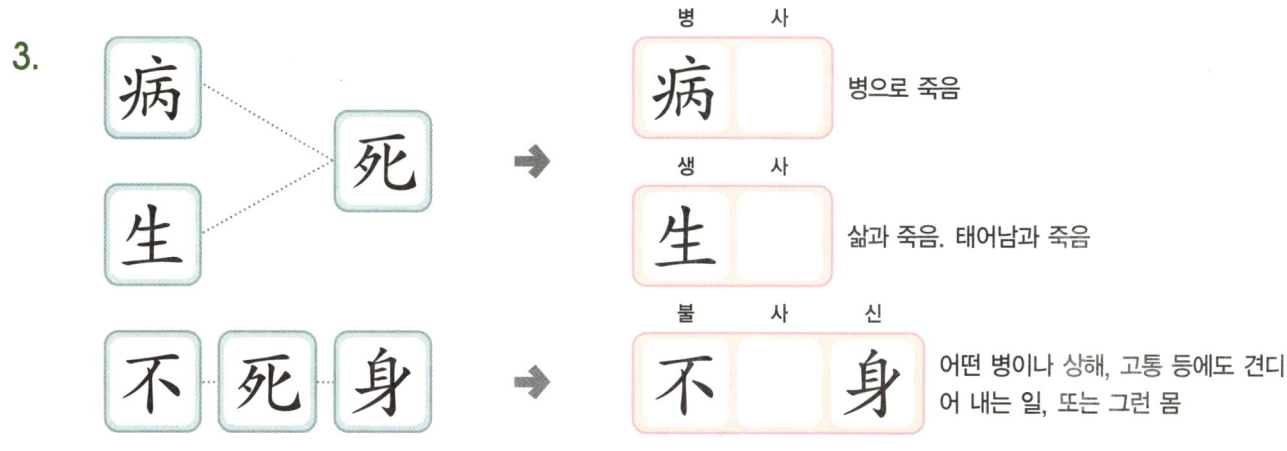

확인하기　生 : 날 생(B1-3)　　亡 : 망할 망　　者 : 사람 자(G1-3)　　不 : 아닐 불/부(E3-9)　　身 : 몸 신(B1-3)

敬으로 漢字語 만들기

빈 칸에 알맞게 쓰고 敬으로 이루어지는 한자어를 알아보세요.

1. 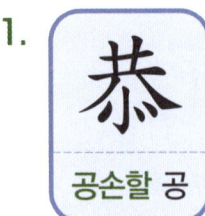 + 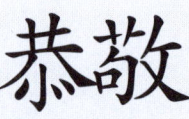 →

   공손할 공   공경 경   남을 대할 때 몸가짐을 공손히 하고 존경함

   우리가 할아버지, 할머니, 아버지, 어머니를 **恭敬**(　　　)하듯이 이웃의 어른들에게 공손히 행동해야 한다.

2.  +  +  →

   공경 경   늙을 로   자리 석   노인들을 공경하여 앉게 하는 자리

   전동차나 버스 등에 노인들을 위해 지정해 놓은 자리를 **敬老席**(　　　)이라고 합니다.

3. 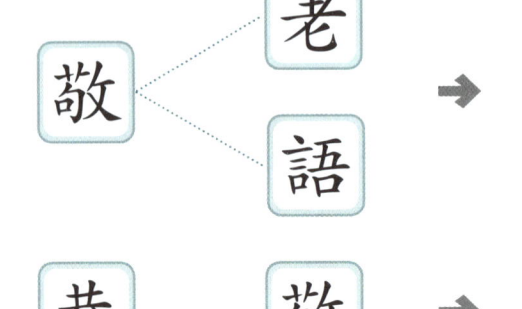 →

   　　경　로
   　老　노인을 공경함

   　　경　어
   　語　듣는 사람이나 제삼자에게 존경의 뜻을 나타내기 위하여 사용하는 말. 높임말, 존경어

   　　공　경
   　恭　남을 대할 때 몸가짐을 공손히 하고 존경함

확인하기   恭 : 공손할 공   老 : 늙을 로(D2-6)   席 : 자리 석   語 : 말씀 어(F4-13)

新聞으로 배우는 漢字

신문 기사를 읽고 물음에 답하세요.

나도 新聞을 읽을 수 있어요!   제11호

[레저] 은행나무 천국 '부석사 가는 길'

역마살을 돋우는 늦가을 색채의 향연. 매년 이맘때면 부석사 은행나무길은 길 떠난 이들의 발길을 붙잡는다. 바람이라도 불라치면 옆사람과 귀엣말을 나눌 여유도 없다. 노란 잎들의 소리 없는 아우성을 보고 있노라면 어느새 온몸, 온마음이 은행잎과 함께 흔들리니까.

◆ ㉠<u>가을</u>을 만나는 부석사=봉황산 중턱에 있는 부석사. 신라 문무왕 때 의상대사가 왕명을 받들어 창건한 곳이다. '삼국유사'에 '부석(浮石)'이라는 명칭의 ㉡<u>由來</u>가 전해진다. 절을 창건할 당시 일대에 도적이 많아 어려움이 적지 않았으나 의상대사가 중국에서 유학하던 시절 그를 사모했던 선묘라는 여인의 영혼이 큰 돌을 공중으로 들어 올려 도둑들을 쫓았다고 한다. 이에 따라 절 이름도 '뜬 돌' 이라는 뜻을 담게 됐다.

경북 영주 부석사 초입의 은행나무길은 전국에서 손꼽을 정도로 아름답다. 자동차로 영주나들목에서 풍기군 쪽으로 약 15분을 달리면 이 길을 만날 수 있다. 은행나무가 맞이하는 약 500m의 짧은 길은 잠깐 한눈을 팔면 쉬 지나가고 만다. 좀더 짙게 운치를 느끼고 싶다면 잠시 차에서 내리는 것이 좋다. 바람결에 들으면 노란 잎들의 아우성이 더욱 생생해진다.

절에 들어서면 약 1300번의 가을을 맞이한 산사의 위엄 앞에 절로 고개를 숙이게 된다. 겨우 몇 십 년을 살고도 세상을 다 아는 양 떠드는 사람들을 꾸짖는 듯하다.

◆ 부석사에 앞서=부석사로 가는 도중에도 다양한 곳을 구경할 수 있다. 영주나들목을 지나 풍기 쪽으로 약 9㎞를 가면 화려한 고려벽화를 볼 수 있다. 단체 여행객에게 친절한 설명과 함께 벽화를 개방한다.

고려시대 벽화를 감상하고 다시 2km를 더 가면 최초의 사액서원인 소수서원을 만날 수 있다. 서원은 1542년 풍기군수 주세붕이 고려 유학자 회헌 안향의 사묘를 세운 곳이다. 서원의 기품이 너무 당당해서일까. 이곳의 소나무들은 모두 서원 쪽을 향해 가지를 뻗고 있다.

이곳에서는 또 단종 복위 운동이 탄로나 떼죽음을 당한 선비들의 영혼 소리가 들린다는 죽계천을 만날 수 있다. 주세붕이 이 영혼들을 달래기 위해 바위에 붉은 색으로 ㉢<u>敬天愛人</u>'의 첫 글자인 '敬' 자를 새기고 울부짖음이 멎었다고 한다.

[세계일보] 2004-11-11

1. ㉠의 뜻에 알맞은 한자를 쓰세요.

2. ㉡의 음을 쓰세요.

3. ㉢의 음을 쓰세요.

기탄한자 G3-173b

漢字語 다지기

貴 愛 病 死 敬

빈 칸에 알맞은 음을 쓰고 필순에 맞게 한자를 쓰세요.

1. 貴重 — 귀중

2. 友愛

3. 病名

4. 生死

5. 敬老

빈 칸에 공통적으로 들어갈 한자를 쓰세요.

1. 귀중 重 / 고귀 高 / 부귀 富 =
2. 우애 友 / 애국 國 / 애정 情 =
3. 병명 名 / 병실 室 / 문병 問 =
4. 생사 生 / 병사 病 / 불사신 不 身 =
5. 공경 恭 / 경로 老 / 경어 語 =

G3-174b

1. 서로 관련 있는 것끼리 선으로 이으세요.

病	사랑	귀
敬	병	애
貴	귀할	사
死	공경	병
愛	죽을	경

2. 다음 빈 칸에 알맞은 한자를 쓰세요.

 우 애 友 ☐

  문 병 問 ☐

 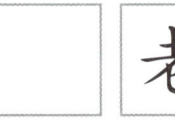 경 로 ☐ 老

 부 귀 富 ☐

3. 다음 빈 칸에 공통적으로 들어갈 한자를 쓰세요.

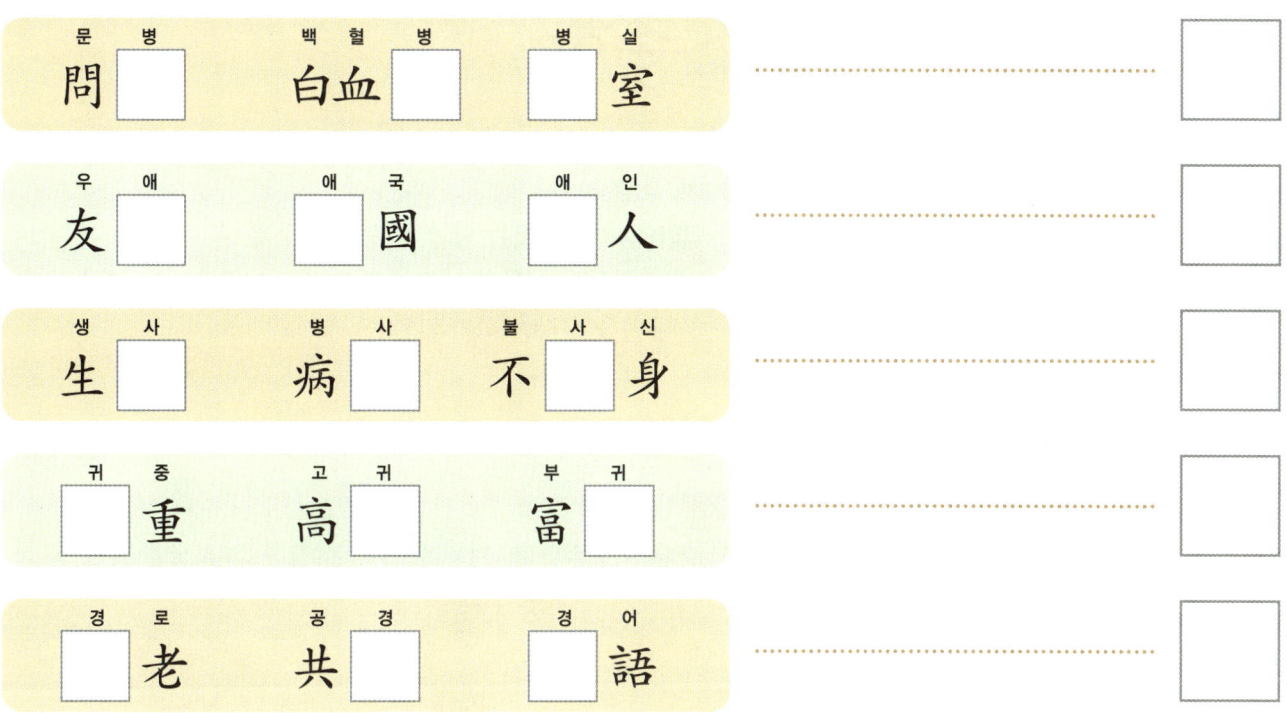

4. 다음 보기 에서 알맞은 한자어를 찾아 쓰세요.

보기: 貴重　　友愛　　病室　　生死　　敬老

• 내가 병원에 입원했을 때 어머니께서는 매일 [병][실]을 지키셨습니다.

• 전철이나 버스에는 노인들을 위한 [경][로] 석이 마련되어 있습니다.

• 그 반지는 나에게 매우 [귀][중] 한 것입니다.

• 어머니께서는 항상 형제 간에 [우][애] 있게 지내라고 말씀하십니다.

• 북한 주민들은 식량난 때문에 [생][사] 를 건 탈출을 감행합니다.

살림살이의 소중함

옛날 한 늙은 농부가 과수원에서 사과 농사를 짓고 살았습니다. 농부가 정성껏 거름도 주고, 잡초를 뽑아 해마다 먹음직스러운 사과가 주렁주렁 열렸습니다.

세월이 흘러 농부는 꼬부랑 할아버지가 되었습니다. 이제는 더 이상 농사일을 할 수가 없게 되었습니다. 농부에게는 두 아들이 있었습니다. 하지만 아들들은 몹시 게으르고 그저 노는 것만 좋아했습니다. 과수원에 잡초가 무성하게 자라도, 누구 하나 뽑을 생각을 하지 않았습니다.

결국 사과 나무는 모두 말라 버렸고, 과수원 밭은 황폐해졌습니다. 늙은 농부도 어느덧 죽음을 맞이하게 되었습니다.

농부는 자식들을 불러 놓고 유언을 하기 시작했습니다.

"얘들아, 내가 사과 나무 밭 땅속에 보물을 숨겨 놓았단다. 너희 둘이 힘을 합쳐 그 보물을 찾아 잘 살려무나."

두 아들들은 다급해져서 외쳤습니다.

"아버지! 그 보물이 무엇인데요?" "보물을 어디 쯤에 묻어 놓으셨지요?"

하지만 아버지는 이미 숨을 거둔 뒤였습니다. 아버지를 장사지낸 뒤, 두 아들은 곧장 과수원으로 달려갔습니다.

그리고는 오로지 보물을 찾기 위해 땅 이곳 저곳을 파헤쳐 나갔습니다. 하지만 아무리 땅을 뒤져보아도 보물은 커녕 동전 한 닢도 나오지 않았습니다. 형제는 결국 보물 찾는 일을 포기해 버렸습니다. 그런데 그 해 가을이 되자, 시들었던 사과 나무에서 난데없이 탐스러운 사과가 주렁주렁 열리는 게 아니겠어요?

형제는 자기들이 열심히 밭을 갈게 하기 위해 아버지가 지혜로운 유언을 남겼다는 것을 알아챘습니다. 형제는 열심히 일을 해서 살림을 꾸려나가는 보람이야말로 보물보다 더 값지다는 것을 깨달았습니다.

'살림' 이라는 말은 불교 용어인 '산림' 에서 생겼습니다. 산림은 원래 절의 재산을 관리하는 일을 가리켰습니다. 이 말이 소리내기 좋게 변해 '살림' 이 되었습니다. 지금은 가정이나 회사의 생활과 재산을 관리하는 것을 가리켜 '살림' 이라고 합니다.

17. 엄마가 게신 ☐ 로 꽃이 배달되었다.

① 生死 ② 門病 ③ 愛犬 ④ 貴重

18. 다음 ☐ 가 두터운 삼형제가 살고 있었습니다.

① 貴人 ② 友愛 ③ 愛國 ④ 病名

※ 다음 [보기] 에서 알맞은 한자어를 찾아 쓰세요.

[보기] 問病 愛人 敬老 貴人

19. ☐ ☐ 문병

20. ☐ ☐ 경로

점수	평가 결과 및 향후 진도
16~20문항	잘했어요. G3집 12호로 진행하세요.
11~15문항	부족해요. 틀린 문제의 한자를 다시 학습한 후 G3집 12호로 진행하세요.
10문항 이하	많이 부족해요. 이번 호를 복습한 후 다음 호로 진행하세요.

※ 왼쪽의 한자어가 되도록 바르게 연결하세요.

10. 애정 ・ ・ 貴
11. 병명 ・ ・ 愛
12. 귀인 ・ ・ 病
           ・ 名
           ・ 人
           ・ 情

※ 다음 보기 에서 알맞은 한자어를 찾아 쓰세요.

보기 : 愛國   敬老   敬語   貴賓

13. 재산이 많고 사회적 지위가 높음 _____
14. 자기 나라를 사랑함 _____
15. 노인을 공경함 _____

※ 다음 빈 칸에 알맞은 한자어를 고르세요.

16. 그것은 내에게 있어 매우 _____ 한 물건입니다.

 貴 귀할 귀

 愛 사랑 애

 病 병 병

 死 죽을 사

 敬 공경 경

貴 愛 病 死 敬
귀할 귀　사랑 애　병 병　죽을 사　공경 경

愛 貴

死 病

貴愛病死敬 敬

G단계 11호 해답

161a 1. 봄 춘, 여름 하, 가을 추, 겨울 동

2.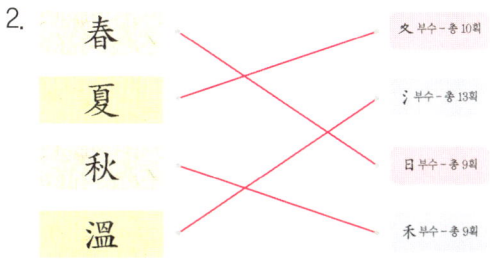

161b 3. 春川, 秋夕, 立冬, 氣溫
4. 춘하추동, 각각, 대표, 명산

162a 귀중, 우애
162b 문병, 생사
163a 경로
164a 귀할, 귀
164b 귀할, 귀, 貝, 12획
165a 사랑, 애
165b 사랑, 애, 心, 13획
167a 병, 병
167b 병, 병, 疒, 10획
168a 죽을, 사
168b 죽을, 사, 歹, 6획
169a 공경, 경
169b 공경, 경, 攵(攴), 13획
170a 貴, 病
170b 愛, 내용, 死, 소중
171a 1. 貴, 귀중 2. 貴, 고귀 3. 貴, 貴, 貴
171b 1. 愛, 우애 2. 愛, 애국 3. 愛, 愛, 愛
172a 1. 病, 문병 2. 病, 백혈병 3. 病, 病, 病
172b 1. 死, 생사 2. 死, 사망자 3. 死, 死, 死
173a 1. 敬, 공경 2. 敬, 경로석 3. 敬, 敬, 敬
173b 1. 秋 2. 유래 3. 경천애인
174a 1. 귀중 2. 우애 3. 병명 4. 생사 5. 경로
174b 1. 貴 2. 愛 3. 病 4. 死 5. 敬
175a 1.

2. 愛, 病, 敬, 貴
175b 3. 病, 愛, 死, 貴, 敬
4. 病室, 敬老, 貴重, 友愛, 生死

형성평가

1. ④
2. ①
3. 貴, 귀할 귀
4. 病
5. 우애
6. 생사
7. 病
8. 貴
9. 愛
10. 애정 — 愛
11. 병명 — 病
12. 귀인 — 貴
    (貴, 愛, 病 / 名, 人, 情)
13. 富貴
14. 愛國
15. 敬老
16. ④
17. ③
18. ②
19. 問病
20. 敬老

펴낸이 : 정지향
펴낸곳 : (주)기탄교육
기획·편집·디자인 : 기탄교육연구소
주소 : 06698 서울특별시 서초구 효령로 42 기탄출판문화센터
등록 : 제22-1740호
전화 : (02) 586-1007
팩스 : (02) 586-2337

※ 서점에 갈 시간이 없거나 구하기 어려운 분은 인터넷 또는 전화로 신청하세요. 즉시 우송해 드립니다.
● www.gitan.co.kr

ⓒ 2005 (주)기탄교육 All rights reserved.
저작권자의 동의 없이 본 교재를 무단으로 복제하거나 전재하는 것을 금합니다.

G 단계에서 배운 한자들

貴	귀할 귀
愛	사랑 애
病	병 병
死	죽을 사
敬	공경 경

問	答	登	場	省	春	夏	秋	冬	溫
물을 문	대답할 답	오를 등	마당 장	살필/덜 성/생	봄 춘	여름 하	가을 추	겨울 동	따뜻할 온
現	在	協	商	事	社	會	技	能	部
나타날 현	있을 재	도울 협	장사 상	일 사	모일 사	모일 회	재주 기	능할 능	거느릴/떼 부
夜	景	成	功	者	時	間	空	氣	集
밤 야	별 경	이룰 성	공 공	사람 자	때 시	사이 간	빌 공	기운 기	모일 집
果	實	夫	婦	美	重	要	活	動	得
열매 과	열매 실	남편 부	아내 부	아름다울 미	무거울 중	요긴할 요	살 활	움직일 동	얻을 득

♥ 엄마가 한자나 한자어를 부르고 아이가 받아쓰도록 합니다.

12 호

기탄교과서한자 G단계 3집 177a~192a

G3집
129a-192a

G3집
12호
177a-192a

초등 교과서 한자어를 총체 분석한 어휘력 향상 한자 학습 프로그램

기탄 한자
교과서

공부한 날	월 일 ~ 월 일
	교 반
이름	전화

www.gitan.co.kr

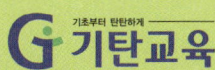

기초부터 탄탄하게
기탄교육

G단계 학습 한자 일람

	G단계						
1집	果, 實, 夫, 婦, 美 重, 要, 活, 動, 得 夜, 景, 成, 功, 者 복습	2집	時, 間, 空, 氣, 集 現, 在, 協, 商, 事 社, 會, 技, 能, 部 복습	3집	問, 答, 登, 場, 省 春, 夏, 秋, 冬, 溫 貴, 愛, 病, 死, 敬 복습	4집	物, 件, 發, 電, 書 高, 低, 苦, 樂, 朝 眞, 理, 學, 習, 賞 복습

학습 진단 관리표

	한자		한자어		이번 주는
	읽기	쓰기	읽기	쓰기	
금주평가	Ⓐ 아주 잘함	Ⓐ 아주 잘함	Ⓐ 아주 잘함	Ⓐ 아주 잘함	● 학습방법 ❶ 매일매일 ❷ 가끔 ❸ 한꺼번에 하였습니다.
	Ⓑ 잘함	Ⓑ 잘함	Ⓑ 잘함	Ⓑ 잘함	● 학습태도 ❶ 스스로 잘 ❷ 시켜서 억지로 하였습니다.
	Ⓒ 보통	Ⓒ 보통	Ⓒ 보통	Ⓒ 보통	● 학습흥미 ❶ 재미있게 ❷ 싫증내며 하였습니다.
	Ⓓ 노력해야 함	Ⓓ 노력해야 함	Ⓓ 노력해야 함	Ⓓ 노력해야 함	● 교재내용 ❶ 적합하다고 ❷ 어렵다고 ❸ 쉽다고 하였습니다.

지도 교사가 부모님께   부모님이 지도 교사께

종합평가   Ⓐ 아주 잘함   Ⓑ 잘함   Ⓒ 보통   Ⓓ 노력해야 함

이번 주 학습 포인트

 **1 일차** (177a~180b)
- '복습해요'를 통해 G3집에서 익힌 15자의 훈, 음, 형을 복습합니다.
- 부수의 명칭은 암기하려 하지 말고 한자의 생성원리를 이해할 수 있도록 학습합니다.

 **2 일차** (181a~184b)
- 만화를 통해 고사성어 四面楚歌의 뜻과 쓰임을 알아보고 적절한 때 사용할 수 있습니다.
- G3집에서 익힌 15자로 만들어지는 한자어의 음과 뜻을 한 번 더 복습합니다.
- 알고 있는 한자어는 일기 쓰기, 신문 읽기 등 생활 속에서 써 보는 연습을 합니다.

 **3 일차** (185a~188b)
- 동화 '아버지의 유서'를 읽고 지금까지 배운 한자를 문장 속에 활용해 봅니다.
- G3집에서 익힌 15자의 훈, 음, 형을 쓰기를 통해 복습합니다.
- G3집에서 익힌 15자로 만들어지는 한자어를 복습합니다.

 **4 일차** (189a~190b)
- G3집에서 익힌 한자어를 재미있는 퍼즐 형식에 담아 풀어 봅니다.
- 인물 이야기 '단벌 정승 황희'를 읽고 학습한 한자어를 문장 속에서 복습합니다.
- 신문 기사를 읽고 알고 있는 한자를 기사문에 적용해 풀이합니다.

 **5 일차** (191a~192a)
- 풀어보기를 통해 한자를 복습하고 '콩과 보리도 구분하지 못하는 사람'을 읽어 봅니다.
- 형성평가를 풀어 보고 G3집의 학습 성취도를 스스로 진단해 봅니다.

📖 빈 칸에 알맞은 훈음을 쓰세요.

1. 　2. 　3. 오를 등　4.

5.　6. 　7. 　8.

9. ⬜ 10. ⬜ 11. 귀할 귀 12. ⬜

13. ⬜ 14. ⬜ 15. ⬜

問 答 登 場 省 한번 더

다음 한자의 부수를 찾아 ◯ 하고, 필순에 맞게 한자를 쓰세요.

1. 問 — 月 ◯口 日

2. 答 — 竹 人 艹

3. 登 — 竹 艹 癶

4. 場 — 土 水 玉

5. 省 — 月 目 日

확인하기 口 : 입 구(A3-10)   竹 : 대나무 죽(B3-11)   癶 : 필 발   土 : 흙 토(A1-3)   目 : 눈 목(A3-10)

빈 칸에 알맞게 쓰세요.

1. 問은 □(문 문)과 □(입 구)를 합한 한자로 훈은 □이고, 음은 □입니다.

2. 答은 □(대나무 죽)과 □(합할 합)을 합한 한자로 훈은 □이고, 음은 □입니다.

3. 登은 癶(필 발)과 豆(제기 두)를 합한 한자로 훈은 □이고, 음은 □입니다.

4. 場은 □(흙 토)와 昜(볕 양)을 합한 한자로 훈은 □이고, 음은 □입니다.

5. 省은 □(적을 소)와 □(눈 목)을 합한 한자로 훈은 □이고, 음은 □입니다.

門 : 문 문(B2-6)　合 : 합할 합(C4-15)　豆 : 콩/제기 두　昜 : 볕 양　少 : 적을 소(C1-3)

다음 한자의 부수를 찾아 ◯ 하고, 필순에 맞게 한자를 쓰세요.

1.

2.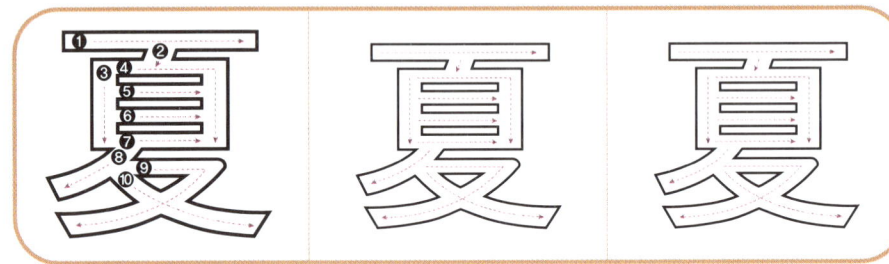

3.

4.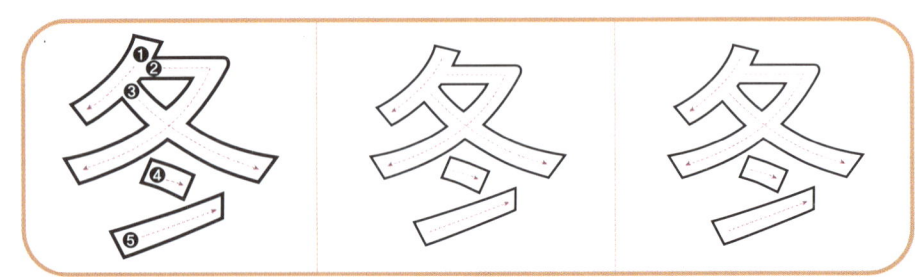

5.

확인하기 日 : 날/해 일(A1-1)　　夂 : 천천히 걸을 쇠　　禾 : 벼 화　　冫 : 얼음 빙　　水 : 물 수(A1-2)

빈 칸에 알맞게 쓰세요.

1.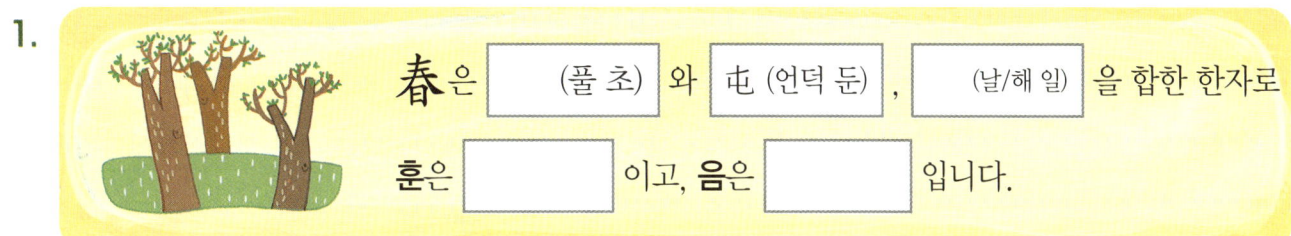
春은 ☐(풀 초)와 屯(언덕 둔), ☐(날/해 일)을 합한 한자로 훈은 ☐이고, 음은 ☐입니다.

2.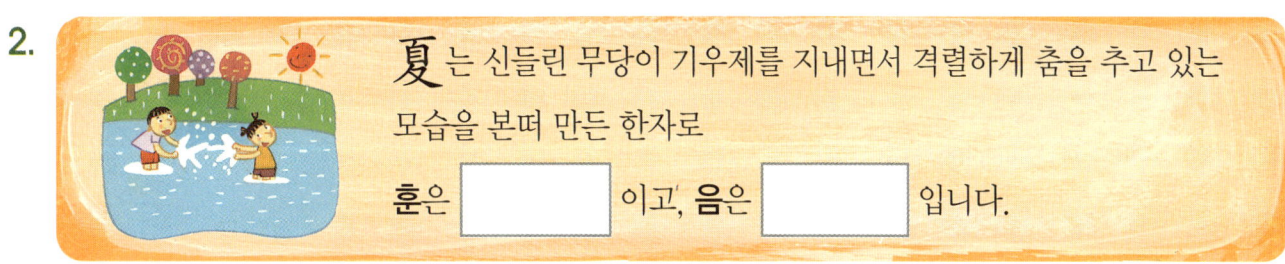
夏는 신들린 무당이 기우제를 지내면서 격렬하게 춤을 추고 있는 모습을 본떠 만든 한자로 훈은 ☐이고, 음은 ☐입니다.

3.
秋는 禾(벼 화)와 ☐(불 화)를 합한 한자로 훈은 ☐이고, 음은 ☐입니다.

4.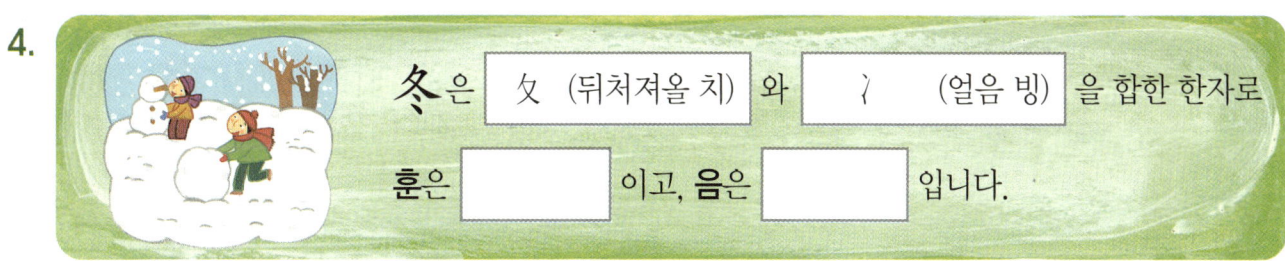
冬은 夂(뒤처져올 치)와 冫(얼음 빙)을 합한 한자로 훈은 ☐이고, 음은 ☐입니다.

5.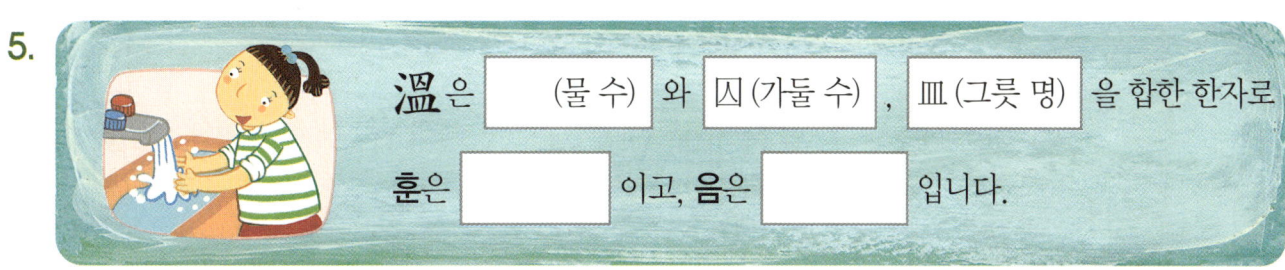
溫은 ☐(물 수)와 囚(가둘 수), 皿(그릇 명)을 합한 한자로 훈은 ☐이고, 음은 ☐입니다.

확인하기 艹 : 풀 초   屯 : 언덕 둔   火 : 불 화(A1-2)   夂 : 뒤쳐져올 치   囚 : 가둘 수   皿 : 그릇 명

다음 한자의 부수를 찾아 ◯ 하고, 필순에 맞게 한자를 쓰세요.

1.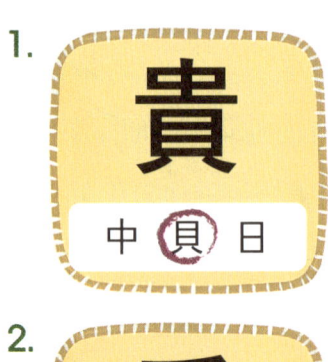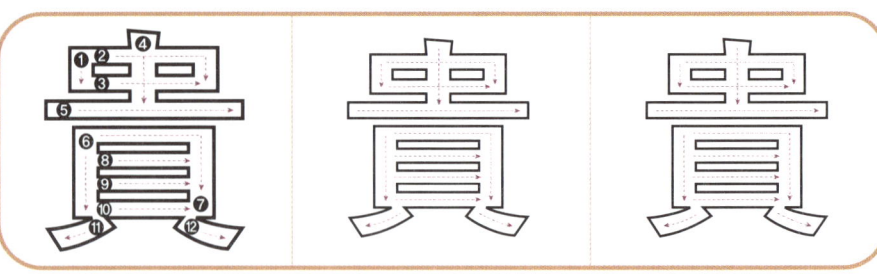

2.

3.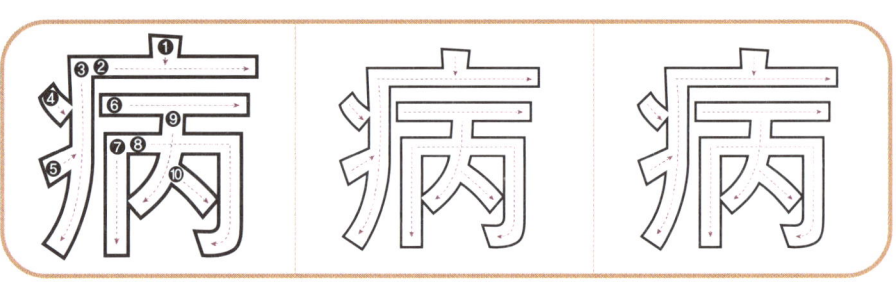

4.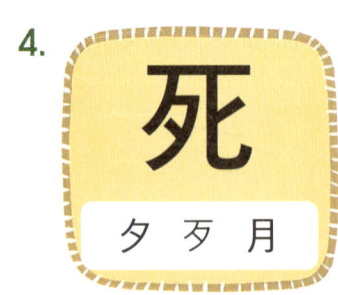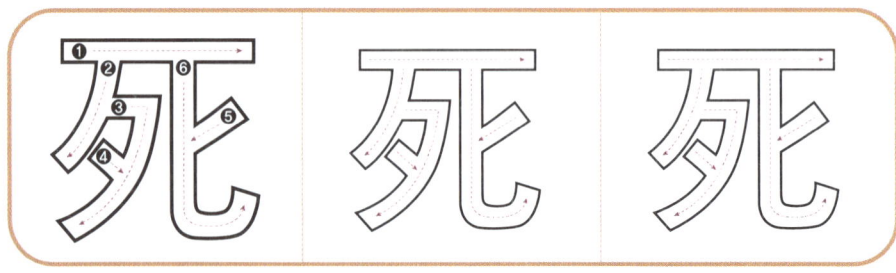

5. 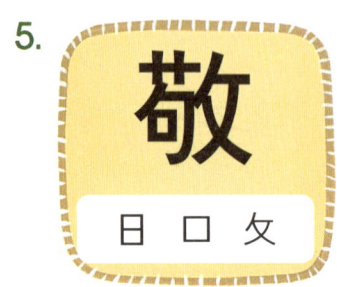

확인하기 貝 : 조개 패(B3-9) 心 : 마음 심(B1-3) 疒 : 병들 녁 歹 : 뼈 알 攵 : 칠 복(攴)

빈 칸에 알맞게 쓰세요.

1. 貴는 제사에 사용하던 흙을 손으로 움켜 쥐고 있는 모습에 돈을 뜻하는 貝를 더해 만든 한자로 훈은 [　　] 이고, 음은 [　　] 입니다.

2. 愛는 두근거리는 가슴으로 사랑하는 사람을 향해 걷는 사나이를 표현한 한자로 훈은 [　　] 이고, 음은 [　　] 입니다.

3. 病은 疒 (병들 녁) 과 丙 (셋째 천간 병) 을 합한 한자로 훈은 [　　] 이고, 음은 [　　] 입니다.

4. 死는 歹 (뼈 알) 과 匕 (비수 비) 를 합한 한자로 훈은 [　　] 이고, 음은 [　　] 입니다.

5. 敬은 苟 (진실로 구) 와 攵 (칠 복) 을 합한 한자로 훈은 [　　] 이고, 음은 [　　] 입니다.

확인하기　丙 : 셋째 천간 병　　匕 : 비수 비　　苟 : 진실로 구

四 : 넷 **사**　　面 : 얼굴 **면**　　楚 : 나라 **초**　　歌 : 노래 **가**

四面楚歌
사면초가

사방이 모두 적으로 둘러싸인 형국을 나타내는 말입니다. 초나라 항우가 사면을 둘러싼 한나라 군사 쪽에서 들려오는 초나라 노랫소리를 듣고 초나라 군사가 이미 항복한 줄 알고 놀랐다는 고사에서 유래된 성어입니다.

漢字語 다지기

問 答 登 場 省

🍁 그림과 한자어를 연결하고 빈 칸에 음을 쓰세요.

1.

2.

3.

4.

5.

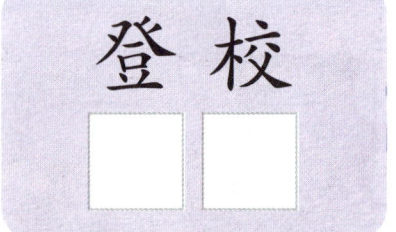
登 校

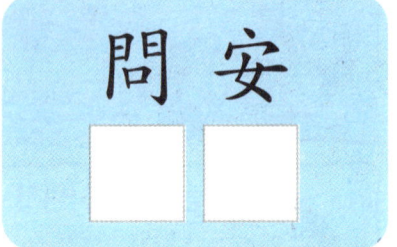
問 安

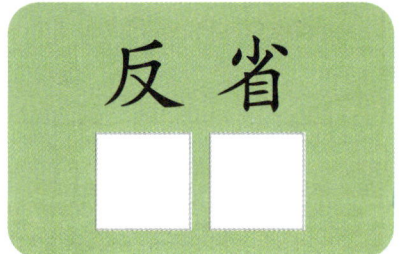
反 省

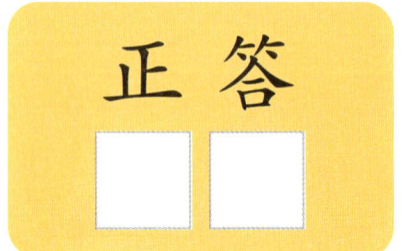
正 答

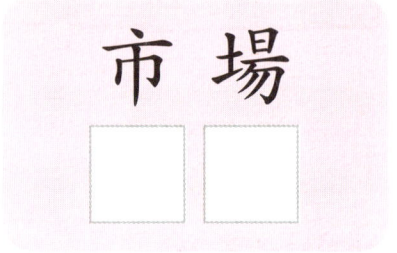
市 場

校 : 학교 교(F2-7)   安 : 편안 안(F1-2)   反 : 돌이킬 반(E2-5)   正 : 바를 정(D2-7)   市 : 시장 시(E1-1)

빈 칸에 알맞게 쓰세요.

1.
   ☐☐ (문안) : 웃어른에게 안부를 물음
   反問(☐☐) : 남의 물음에는 답하지 않고 도리어 되받아 물음

2.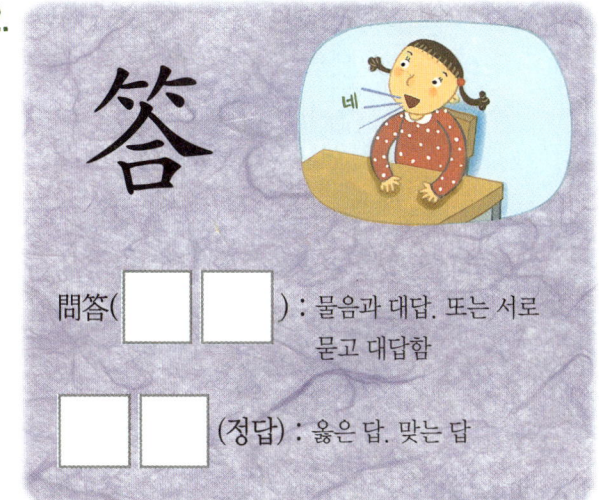
   問答(☐☐) : 물음과 대답. 또는 서로 묻고 대답함
   ☐☐ (정답) : 옳은 답. 맞는 답

3.
   ☐☐ (등산) : 산에 오름
   登用(☐☐) : 인재를 뽑아 씀

4.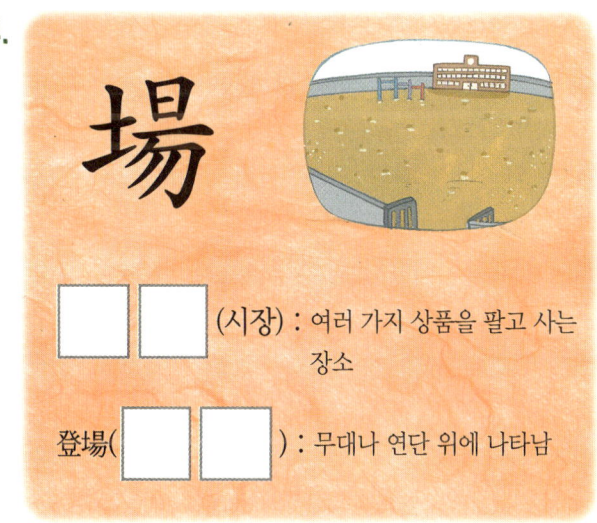
   ☐☐ (시장) : 여러 가지 상품을 팔고 사는 장소
   登場(☐☐) : 무대나 연단 위에 나타남

5.
   反省(☐☐) : 자기의 언행, 생각 따위의 잘잘못이나 옳고 그름을 깨닫기 위해 스스로를 돌이켜 살핌
   自省(☐☐) : 스스로 반성함. 자기가 한 일에 대하여 옳고 그름을 되돌아 봄

확인하기 山 : 산/뫼 산(A1-1)   用 : 쓸 용(D1-3)   自 : 스스로 자(B2-6)

漢字語 다지기
春 夏 秋 冬 溫

그림과 한자어를 연결하고 빈 칸에 음을 쓰세요.

1.

冬 至
[ ] [지]

2.

立 夏
[ ] [ ]

3.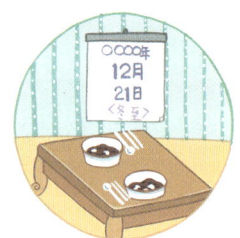

溫 水
[ ] [ ]

4.

立 春
[ ] [ ]

5.

秋 夕
[ ] [ ]

至 : 이를 지   立 : 설 립(C2-6)   水 : 물 수(A1-2)   夕 : 저녁 석(B4-14)

🌱 빈 칸에 알맞게 쓰세요.

1.
春
□□ (춘천) : 강원도 서부에 있는 시
靑春(□□) : 스무 살 안팎의 젊은 나이를 비유하여 이르는 말

2.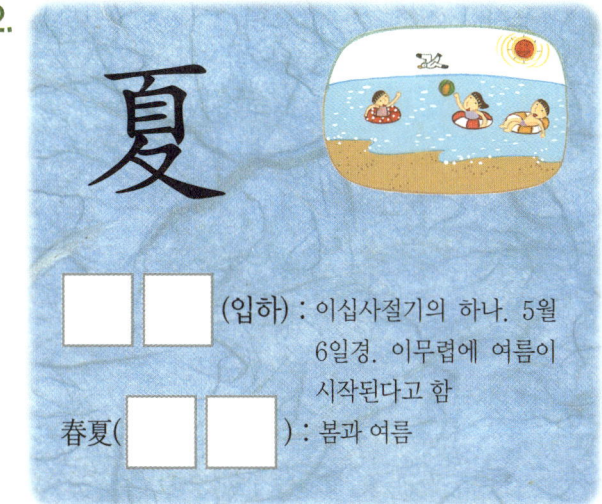
夏
□□ (입하) : 이십사절기의 하나. 5월 6일경. 이무렵에 여름이 시작된다고 함
春夏(□□) : 봄과 여름

3.
秋
秋夕(□□) : 우리 나라 명절의 하나. 음력 8월 보름. 중추절. 한가위
秋風(□□) : 가을 바람

4.
冬
□ 至 (동지) : 이십사절기의 하나. 12월 22일경. 북반구에서 연중 밤이 가장 긴 날
立冬(□□) : 이십사절기의 하나. 11월 7, 8일경으로 이 무렵에 겨울이 시작된다고 함

5.
溫
□□ (온수) : 따뜻한 물. 더운 물
氣溫(□□) : 대기의 온도

확인하기 川 : 내 천(A1-1)   靑 : 푸를 청(D1-1)   風 : 바람 풍(B3-11)   氣 : 기운 기(G2-5)

漢字語 다지기
貴 愛 病 死 敬

그림과 한자어를 연결하고 빈 칸에 음을 쓰세요.

1. 　　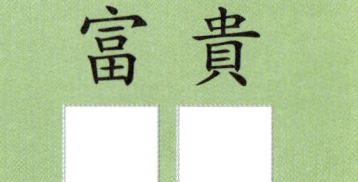富貴

2. 　　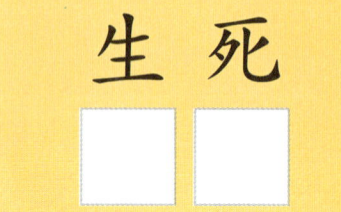生死

3. 　　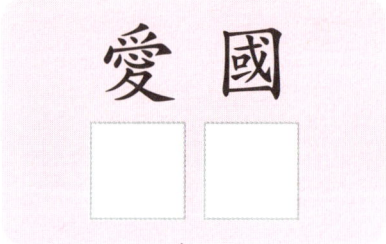愛國

4. 　　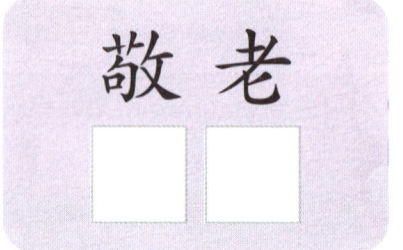敬老

5. 　　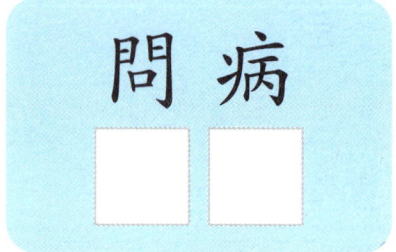問病

富 : 부유할 부(D2-6)　　生 : 날 생(B1-3)　　國 : 나라 국(D4-13)　　老 : 늙을 로(D2-6)　　問 : 물을 문(G3-9)

빈 칸에 알맞게 쓰세요.

1. 貴
   ☐☐ (귀중) : 귀하고 중요함
   富貴(☐☐) : 재산이 많고 사회적 지위가 높음

2. 愛
   ☐☐ (우애) : 형제 간이나 친구 사이의 도타운 정과 사랑
   愛犬(☐☐) : 개를 사랑함. 귀여워하며 기르는 개

3. 病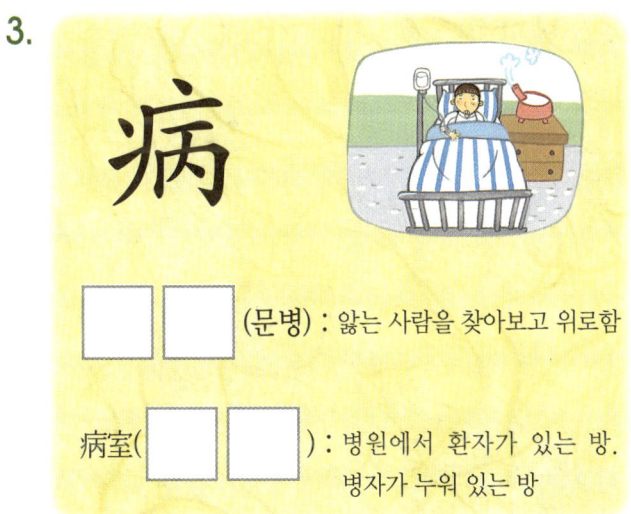
   ☐☐ (문병) : 앓는 사람을 찾아보고 위로함
   病室(☐☐) : 병원에서 환자가 있는 방. 병자가 누워 있는 방

4. 死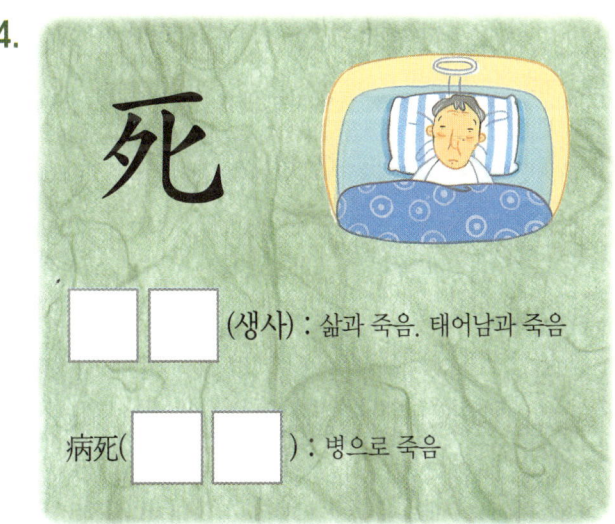
   ☐☐ (생사) : 삶과 죽음. 태어남과 죽음
   病死(☐☐) : 병으로 죽음

5. 敬
   恭☐ (공경) : 남을 대할 때 몸가짐을 공손히 하고 존경함
   敬老(☐☐) : 노인을 공경함

확인하기 重 : 무거울 중(G1-2)　友 : 벗 우(C1-2)　犬 : 개 견(B1-1)　室 : 집 실(F2-6)　恭 : 공손할 공

술술술 漢字 동화

동화를 읽고 보기 에서 알맞은 한자나 음을 찾아 쓰세요.

아버지의 유서 2

아들은 아버지가 남긴 유서를 보고 깜짝 놀랐습니다.

'아니, 아버지가 어째서 貴重 [ ] [ ] 한 재산을 모두 노예에게 주셨단 말인가?

병 때문에 판단력이 흐려지셨던 걸까?'

아들은 섭섭한 마음이 들긴 했지만 정성을 다해 장례를 치뤘습니다.

아버지가 돌아가시고 봄 [ ], 여름 [ ], 가을 [ ], 겨울 [ ] 이 지나 다음 해가 찾아

왔습니다. 아들은 여전히 아버지가 남긴 뜻을 이해하지 못했습니다.

그래서 지혜로운 랍비를 찾아가 물어 보기로 했습니다.

아들의 이야기를 들은 랍비는 감탄하며 답했습니다.

보기 반성 귀중 春 秋 夏 冬 愛 장소

"자네 아버지는 참으로 존경스러운 분이군! 이렇게 훌륭한 유산을 남기시다니 말이야."

"제게 남은 거라곤 아무 것도 없는데요?"

"자네 아버지는 자신이 죽을 때 자네가 그 場所□□에 없어 무척 걱정이 되신 거야. 혹시 노예가 자신의 재산을 모두 가지고 도망치지나 않을까 해서지. 그렇지만 노예에게 재산을 물려주면 당연히 노예는 그걸 지키려고 할 것이 아닌가."

그리고 랍비는 덧붙였습니다.

"노예의 재산은 주인에게 속한다네. 자네가 노예를 가진다고 하면 결국 모든 재산은 자네의 것이 아닌가?"

그제서야 아들은 아버지의 사랑□을 깨닫고 아버지를 잠시나마 원망한 것을 反省□□했답니다.

反 : 돌이킬 반(E2-5) 重 : 무거울 중(G1-2) 所 : 곳/바 소(D1-2)

마무리 하기

問 答 登 場 省

빈 칸에 알맞은 훈음을 쓰고 필순에 맞게 한자를 쓰세요.

問 1.	丨 冂 冂 門 門 門 門 門 問 問 問 問 问 问	
答 2.	ノ ㄥ ㅅ ㅆ ㅆ ㅆ ㅆ ㅆ 笈 答 答 答	
登 3.	ノ ㄱ ㅅ ㅆ ㅆ ㅆ 癶 癶 登 登 登 登 登	
場 4.	一 十 土 圠 圠 圠 圠 坮 坮 場 場 場 場 场	
省 5.	ノ 小 小 少 少 省 省 省 省 省	

G3-186a 기탄한자

빈 칸에 알맞은 한자를 쓰세요.

1. 問
   - 問安 (문안)
   - 問題 (문제)
   - 反問 (반문)

2. 答
   - 問答 (문답)
   - 正答 (정답)
   - 回答 (회답)

3. 登
   - 登山 (등산)
   - 登校 (등교)
   - 登用 (등용)

4. 場
   - 市場 (시장)
   - 工場 (공장)
   - 登場 (등장)

5. 省
   - 反省 (반성)
   - 自省 (자성)
   - 省墓 (성묘)

마무리 하기

春 夏 秋 冬 溫

빈 칸에 알맞은 훈음을 쓰고 필순에 맞게 한자를 쓰세요.

		一 二 三 耂 夫 来 春 春 春
1. 春	春	春

		一 丅 ㄕ 丆 百 百 頁 夏 夏
2. 夏	夏	夏

		一 二 千 千 禾 禾 利 秋 秋
3. 秋	秋	秋

		ノ ク 夂 冬 冬
4. 冬	冬	冬

		丶 冫 氵 氵 汩 沪 沪 沪 泗 涓 溫 溫 溫
5. 溫	溫	溫 溫 溫

빈 칸에 알맞은 한자를 쓰세요.

1. 春
   - [春]川 춘천
   - 立[春] 입춘
   - 青[春] 청춘

2. 夏
   - 立[夏] 입하
   - 春[夏] 춘하
   - [夏]至 하지

3. 秋
   - [秋]夕 추석
   - [秋]風 추풍
   - 春[秋] 춘추

4. 冬
   - [冬]至 동지
   - 立[冬] 입동
   - 春夏秋[冬] 춘하추동

5. 溫
   - [溫]室 온실
   - [溫]水 온수
   - 氣[溫] 기온

貴愛病死敬

✏ 빈 칸에 알맞은 훈음을 쓰고 필순에 맞게 한자를 쓰세요.

	貴			
1. 貴	ノ 口 口 中 虫 虫 虫 貴 貴 貴 貴			
	貴	貴	贵	贵
2. 愛	ノ ⺈ ⺈ ⺈ ⺈ ⺈ 爫 爫 爫 受 愛 愛 愛			
	愛	愛	爱	爱
3. 病	丶 一 广 广 疒 疒 疒 病 病 病			
	病	病		
4. 死	一 ア 万 歹 歹 死			
	死	死		
5. 敬	ノ 艹 艹 艹 艹 苟 苟 苟 苟 敬 敬			
	敬	敬		

빈 칸에 알맞은 한자를 쓰세요.

1. 貴
　　[貴] 重　　高 [貴]　　富 [貴]
　　귀중　　고귀　　부귀

2. 愛
　　友 [愛]　　[愛] 犬　　[愛] 國
　　우애　　애견　　애국

3. 病
　　問 [病]　　白血 [病]　　[病] 室
　　문병　　백혈병　　병실

4. 死
　　生 [死]　　[死] 亡者　　病 [死]
　　생사　　사망자　　병사

5. 敬
　　恭 [敬]　　[敬] 老　　[敬] 語
　　공경　　경로　　경어

조리조리 漢字 퍼즐

설명에 맞도록 빈 칸에 알맞은 한자를 써 넣어 퍼즐을 완성하세요.

가 로 열 쇠

③ 춘하추동 : 봄, 여름, 가을, 겨울의 네 철을 아울러 이르는 말
⑤ 온실 : 식물을 재배하거나 추위에 약한 동물을 기르기 위하여 알맞은 온도와 습도를 유지할 수 있게 만든 건물
⑦ 정답 : 옳은 답. 맞는 답
⑧ 문안 : 웃어른에게 안부를 물음
⑨ 애국 : 자기 나라를 사랑함
⑩ 백혈병 : 혈액 속의 백혈구가 정상보다 많아지는 병
⑪ 귀인 : 신분이나 지위가 높은 사람

세 로 열 쇠

① 입춘 : 이십사절기의 하나. 2월 4일경. 이 무렵에 봄이 시작된다고 함
② 병실 : 병원에서 환자가 있는 방. 병자가 누워있는 방
④ 추석 : 우리 나라 명절의 하나. 음력 8월 보름. 중추절. 한가위
⑤ 온수 : 따뜻한 물. 더운 물
⑥ 회답 : 물음, 서신, 연락 따위에 대한 대답
⑧ 문병 : 앓는 사람을 찾아보고 위로함
⑨ 애인 : 이성 간의 사랑하는 사람. 남을 사랑함

인물 이야기에 쓰인 한자어를 읽어 보세요.

단벌 정승 황희

이 이야기는 청렴하기로 유명했던 황희 정승의 일화입니다.

어느 추운 겨울날, 대궐에서 퇴궐한 황희 정승이 婦人에게 말했습니다.

"부인, 서둘러 옷을 뜯어서 빨아주시오. 그래야 來日 아침 입궐할 때 입을 수 있을 것이오."

황희는 영의정이란 높은 身分임에도 늘 단벌이었던 것입니다. 그런데 갑자기 입궐하라는 어명이 떨어졌습니다. 부인은 당황해서 물었습니다.

"에그머니, 무얼 입고 나가신단 말입니까? 이 추운 날 그냥 관복만 걸치셨다간 큰 병이 나십니다."

황희는 잠시 생각하다가 대답했습니다.

"솜을 가지고 오시오."

황희는 솜을 몸에 두르고 실로 얼기설기 이었습니다. 그리고 그 위에 관복을 덧입었지요.

臣下들을 불러모아 회의를 하던 임금은 황희의 관복 밑에 솜이 삐져나온 것을 보았습니다. 임금은 황희가 단벌이라는 사실에 크게 놀랐습니다. 그래서 따뜻한 비단옷을 지어 주라 명하였습니다. 그러자 황희가 정색을 하였습니다.

"전하, 지금 이 나라의 백성들은 계속된 흉년으로 春夏秋冬 사계절을 굶주려 죽어가고 있습니다. 이런 때에 어찌 신의 몸에 귀한 비단을 걸치리까?"

그 말을 들은 임금은 크게 反省하고 황희를 존경했다고 합니다.

婦人 : 부인 來日 : 내일 身分 : 신분 臣下 : 신하 春夏秋冬 : 춘하추동 反省 : 반성

황희
[黃喜, 1363~1452]
고려 말, 조선 초의 문신입니다. 개성 출신으로 조선시대 영의정을 지냈습니다. 인품이 뛰어나고 청렴하여 많은 백성들로부터 존경을 받았으며 세종의 가장 신임 받는 재상이었다고 합니다.
시문에 뛰어났으며, 농사의 개량과 예법을 개정하는 등 많은 업적을 남겼습니다.

新聞으로 배우는 漢字

🔍 신문 기사를 읽고 물음에 답하세요.

나도 新聞을 읽을 수 있어요! 제12호

[세계의 눈/ 켄트 콜더] 서울과 워싱턴, 마음을 열 때다

워싱턴은 서울의 핵 실험 파문을 완화시키려 하고 있지만, 백악관에서 근무한 경험이 있는 전문가들은 오히려 도쿄의 반응을 걱정하고 있다.

이들은 만일 한국의 핵 상황이 불투명하게 전개된다면 신고도 하지 않고 가공할 만한 핵능력을 개발해 나가는 '동북아의 이스라엘' 과 같은 국가들이 *登場할지 모른다고 우려하고 있다. 특히 한국이나 북한이 조금이라도 핵 개발 능력을 강화하는 방향으로 나간다면 일본은 '아시아의 이스라엘' 이 되려는 유혹을 받을 수 있다.

나는 개인적으로 한국의 핵 실험 소식이 전해진 뒤 의혹을 덜어 주는 방향으로 나갔던 미국 정부의 태도를 지지한다. 한국의 핵 실험은 실제 경미한 듯하다. 일본도 정부 당국자들의 과장된 발언과 달리 실제반응은 훨씬 느긋하다. 일본의 정책결정 구조는 전혀 일사불란하지 않다. 히로시마와 나가사키의 원폭 피폭 경험 때문에 핵 문제에 대한 견해 역시 개인에 따라 뚜렷하게 나뉘어 있다.

일본은 해외정책에 있어서 피동적이었으며 워싱턴의 결정에 느릿느릿 응답해 왔다. 고이즈미 준이치로 총리 역시 마찬가지이다. 그가 대러시아 관계에서는 새롭고 *重要한 정책을 만들 수 있을지 다르지만 핵무장 문제에 관해서는 그렇게 하지 못할 것이다.

그러나 한국의 핵 실험 논란에는 안보 문제를 넘어 정치적인 측면에서 고려해야 할 변수가 있다.

조지 W 부시 미 행정부는 한미관계를 지나치게 거칠게 다루고 있다는 평가를 받고 있다. 한미 동맹이 특히 그렇다. 반면 서울의 급진주의자들은 미국이 한반도의 민족공조를 계속 방해해 왔다고 주장하고 있다.

서울과 워싱턴은 서로를 존중하는 보다 균형 잡힌 대화가 필요하다. 그런 점에서 미국이 한국의 우라늄 농축문제에 대해 *溫和한 반응을 보인 것은 적절하고도 의미있는 대화의 *始作이 될 수 있을 것이다.

우라늄 농축

[동아일보] 2004-11-16

---

1. 다음 중 음이 바르지 않은 것을 고르세요.

① 登場 - 등장   ② 重要 - 중요   ③ 溫和 - 온화   ④ 始作 - 여작

풀어보기

1. 다음 한자의 훈음을 쓰세요.

1) 省
2) 答
3) 夏
4) 冬
5) 貴
6) 病
7) 登
8) 春
9) 溫
10) 敬
11) 死
12) 場
13) 問
14) 愛
15) 秋

2. 다음 빈 칸에 들어갈 한자를 보기 에서 찾아 쓰세요.

보기: 問 答 登 場 春 秋 溫 貴 病 死

16) 正 ☐ .... 정답
17) 青 ☐ .... 청춘
18) 富 ☐ .... 부귀
19) ☐ 名 .... 병명
20) ☐ 水 .... 온수
21) ☐ 安 .... 문안
22) ☐ 用 .... 등용
23) 生 ☐ .... 생사
24) ☐ 風 .... 추풍
25) ☐ 面 .... 장면

3. 다음 한자어와 풀이를 바르게 연결하세요.

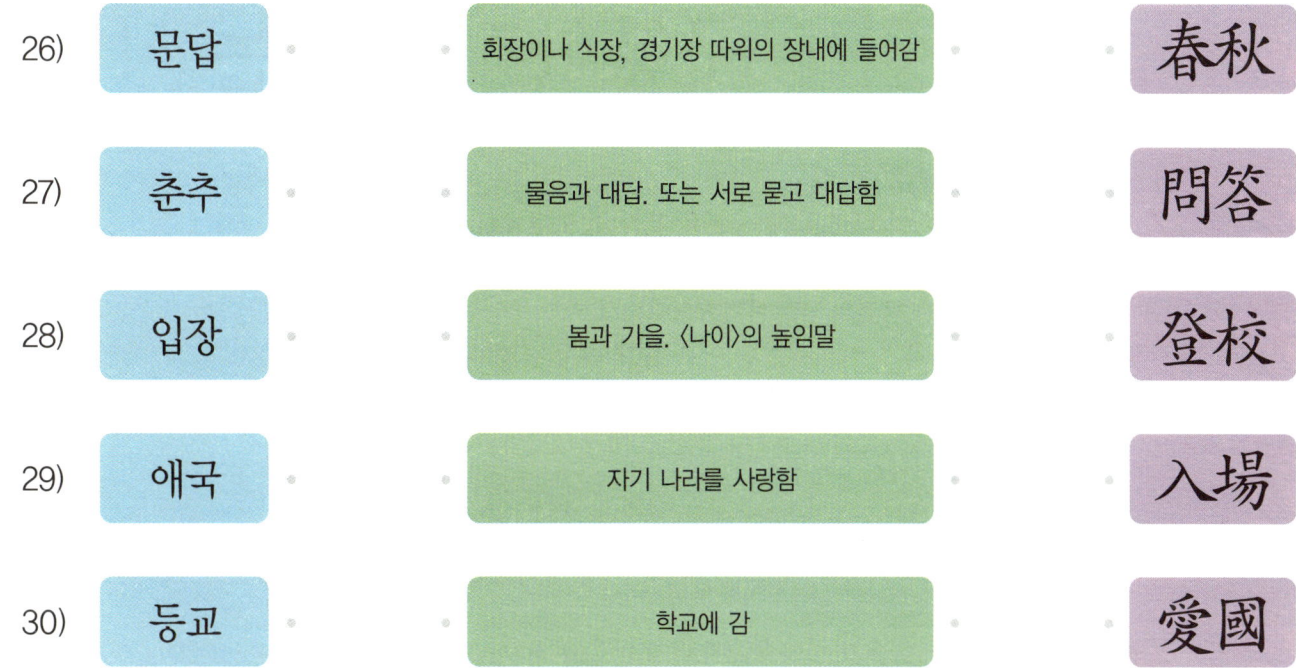

4. 다음 훈음에 알맞은 한자를 쓰세요.

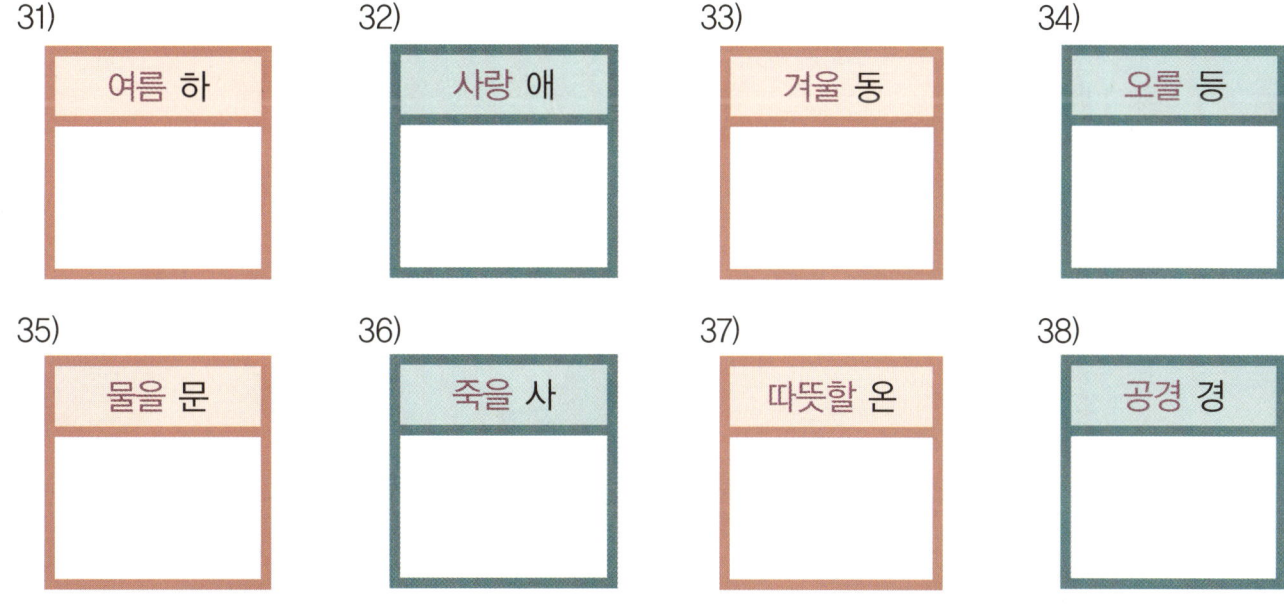

콩과 보리도 구분하지 못하는 사람

중국 송나라에는 '주희'라는 뛰어난 학자가 있었습니다. 뒷날 사람들은 주희를 높이 기리어 '주자'라고 불렀습니다. 주희가 어렸을 때 있었던 일입니다. 주희는 형을 앉혀놓고 방바닥에 콩과 보리를 주루룩 쏟았습니다. 주희의 형은 머리가 우둔해서 아직 콩과 보리조차 구분하지 못했습니다. 그래서 동생 주희가 형에게 가르치는 중이었습니다.
"아이참, 이게 콩이잖아." 주희는 콩 한 알을 들고 다시 설명했습니다.

"잘 봐. 크기가 손톱만하고, 둥글둥글하게 생긴 게 콩이란 말이야."
형은 찔끔찔끔 흐르는 코를 쑥 들이마시고는 고개를 가로저었습니다.
"아니야, 보리야."
주희는 하도 답답해서 가슴을 탁탁 쳤습니다. 하지만 형에게 화를 낼 수는 없었습니다.

그래서 이번에는 보리를 들고 찬찬히 부드럽게 말했습니다.
"형, 보리는 이렇게 작고 납작한 거야."
주희가 몇 번이나 되풀이해서 콩과 보리를 설명했습니다. 콩과 보리를 번갈아가며 뚫어지게 바라보던 형은 그때서야 구별이 되는 모양이었습니다.
"알았어. 둥글고 손톱만한 건 콩, 약간 납작하고 작은 게 보리지?"
다음 날이었습니다. 주희가 형에게 이렇게 부탁했습니다.
"형, 콩 좀 가져다 줄래?"
형은 얼른 부엌으로 가서 주희가 얘기한 걸 그릇째 가져왔습니다. 하지만 그릇을 받아 본 주희는 크게 실망했습니다.
"형, 이건 보리잖아, 보리! 어제 그렇게 설명했는데……."
형은 머리를 긁적긁적하며 어쩔 줄 몰라했습니다.

'콩과 보리'를 한자말로 하면 菽(콩 숙), 麥(보리 맥)을 써서 '숙맥'입니다.
이 일화를 들은 사람들은 주희의 형처럼 콩과 보리도 구분하지 못할 정도로 어리석은 사람을 가리켜 '숙맥(菽麥)'이라고 불렀습니다.

확인하기 菽 : 콩 숙   麥 : 보리 맥

다음 빈 칸에 공통적으로 들어갈 한자를 〈보기〉에서 찾아 쓰세요.

〈보기〉 愛 溫 病 死

11. 기 [ ] 수
12. [ ] 국
13. 문 [ ] 실

14. '여러 가지 생물을 팔고 사는 장소'를 뜻하는 한자어를 고르세요.

① 友愛   ② 病室   ③ 春川   ④ 市場

15. '따뜻한 물, 더운 물'을 뜻하는 한자어를 고르세요.

① 溫水   ② 登用   ③ 立冬   ④ 貴重

16. 高貴의 알맞은 뜻풀이를 고르세요.

① 따뜻한 물, 더운 물
② 인품이나 지위가 높고 귀함
③ 산에 오름
④ 물음, 지시, 명령 따위에 대한 대답

다음 〈보기〉에서 알맞은 한자어를 찾아 쓰세요.

〈보기〉 門病 登校 溫水 敬老

17. [ ] 수
18. [ ] 노
19. [ ] 문
20. [ ] 교

평가 결과 및 향후 진도

점답 수	
16~20문항	잘했어요. G4집 13호로 진행하세요.
11~15문항	부족해요. 틀린 문제를 다시 학습한 후 G4집 13호로 진행하세요.
10문항 이하	많이 부족해요. 이번 호를 복습한 후 다음 호로 진행하세요.

기초한자 형성평가

G단계 12호

날짜: 월 일
점수:

왼쪽의 훈음에 알맞은 한자를 쓰세요.

1. 훈: 물음
   음: 문

2. 훈: 여름
   음: 하

다음 물음에 답하세요.

3. 다음 한자와 음이 바르게 연결되지 않은 것을 고르세요.
   ① 登 – 등   ② 夏 – 하   ③ 冬 – 장   ④ 問 – 문

4. 다음 한자와 훈이 바르게 연결되지 않은 것을 고르세요.
   ① 春 – 봄   ② 病 – 병   ③ 秋 – 겨울   ④ 死 – 죽음

5. 다음 빈 칸에 알맞은 한자와 훈음을 쓰세요.

    → 少 + 目 →

6. 다음 설명에 알맞은 한자를 쓰세요.

   두근거리는 가슴으로 사랑하는 사람을 향해 건는 사나이를 표현한 한자입니다. 윗부분은 사람의 발과 같은 입을 나타내고 가운데 부분은 사람과 심장(心)을 나타내고 있(彳)은 천천히 걸음쇠는 건는 모습을 표현하여 사랑, 그리워하다, 아까다를 뜻하는 한자입니다.

다음 한자어의 음을 쓰세요.

7.  登 校

8.  市 場

9.  立 夏

10.  秋 夕

問 答 登 場 省

春 夏 秋 冬 溫

貴 愛 病 死 敬

問	答	登	場	省
물을 문	대답할 답	오를 등	마당 장	살필/덜 성/생

春	夏	秋	冬	溫
봄 춘	여름 하	가을 추	겨울 동	따뜻할 온

貴	愛	病	死	敬
귀할 귀	사랑 애	병 병	죽을 사	공경 경

G단계 12호 해답

177a	1. 물을 문　2. 대답할 답　3. 오를 등 4. 마당 장　5. 살필/덜 성/생 6. 봄 춘　7. 여름 하　8. 가을 추
177b	9. 겨울 동　10. 따뜻할 온　11. 귀할 귀 12. 사랑 애　13. 병 병　14. 죽을 사 15. 공경 경
178a	1. 口　2. 竹　3. 癶　4. 土　5. 目
178b	1. 門, 口, 물을, 문　2. 竹, 合, 대답할, 답 3. 오를, 등　4. 土, 마당, 장 5. 少, 目, 살필/덜, 성/생
179a	1. 日　2. 夂　3. 禾　4. 冫　5. 氵
179b	1. 艸, 日, 봄, 춘　2. 여름, 하 3. 火, 가을, 추　4. 겨울, 동 5. 氵, 따뜻할, 온
180a	1. 貝　2. 心　3. 疒　4. 歹　5. 攵
180b	1. 귀할, 귀　2. 사랑, 애　3. 병, 병 4. 죽을, 사　5. 공경, 경
182a	등교, 문안, 반성, 정답, 시장
182b	1. 問安, 반문　2. 문답, 正答　3. 登山, 등용 4. 市場, 등장　5. 반성, 자성
183a	동지, 입하, 온수, 입춘, 추석
183b	1. 春川, 청춘　2. 立夏, 춘하　3. 추석, 추풍 4. 冬, 입동　5. 溫水, 기온
184a	부귀, 생사, 애국, 경로, 문병
184b	1. 貴重, 부귀　2. 友愛, 애견　3. 問病, 병실 4. 生死, 병사　5. 敬, 경로
185a	귀중, 春, 夏, 秋, 冬
185b	장소, 愛, 반성
189b	① 春　② 病　③ 春, 夏, 秋　④ 秋

	⑤ 溫　⑥ 答　⑦ 正, 答　⑧ 問, 病 ⑨ 愛　⑩ 病　⑪ 貴
190b	1. ④
191a	1) 살필/덜 성/생　2) 대답할 답 3) 여름 하　4) 겨울 동　5) 귀할 귀 6) 병 병　7) 오를 등　8) 봄 춘 9) 따뜻할 온　10) 공경 경　11) 죽을 사 12) 마당 장　13) 물을 문　14) 사랑 애 15) 가을 추　16) 答　17) 春 18) 貴　19) 病　20) 溫 21) 問　22) 登　23) 死 24) 秋　25) 場
191b	26) 문답 — 화창이나 식장, 경기장 따위의 장소에 들어감 — 春秋 27) 춘추 — 물음과 대답, 또는 서로 묻고 대답함 — 問答 28) 입장 — 봄과 가을. (나이의 높임말) — 登校 29) 애국 — 자기 나라를 사랑함 — 入場 30) 등교 — 학교에 감 — 愛國 31) 夏　32) 愛　33) 冬 34) 登　35) 問　36) 死 37) 溫　38) 敬

형성평가

1. 問　2. 夏　3. ③　4. ③
5. 省, 살필/덜 성/생　6. 愛　7. 등교
8. 시장　9. 입하　10. 추석　11. 溫
12. 愛　13. 病　14. ④　15. ①
16. ②　17. 溫水　18. 登校　19. 問病
20. 敬老

펴낸이 : 정지향
펴낸곳 : (주)기탄교육
기획·편집·디자인 : 기탄교육연구소
주소 : 06698 서울특별시 서초구 효령로 42 기탄출판문화센터
등록 : 제22-1740호
전화 : (02) 586-1007
팩스 : (02) 586-2337

※ 서점에 갈 시간이 없거나 구하기 어려운 분은 인터넷 또는 전화로 신청하세요. 즉시 우송해 드립니다.
● www.gitan.co.kr

ⓒ 2005 (주)기탄교육 All rights reserved.
저작권자의 동의 없이 본 교재를 무단으로 복제하거나 전재하는 것을 금합니다.

G 단계에서 배운 한자들

貴 귀할 귀	愛 사랑 애	病 병 병	死 죽을 사	敬 공경 경					
問 물을 문	答 대답할 답	登 오를 등	場 마당 장	省 살필/덜 성/생	春 봄 춘	夏 여름 하	秋 가을 추	冬 겨울 동	溫 따뜻할 온
現 나타날 현	在 있을 재	協 도울 협	商 장사 상	事 일 사	社 모일 사	會 모일 회	技 재주 기	能 능할 능	部 거느릴/떼 부
夜 밤 야	景 볕 경	成 이룰 성	功 공 공	者 사람 자	時 때 시	間 사이 간	空 빌 공	氣 기운 기	集 모일 집
果 열매 과	實 열매 실	夫 남편 부	婦 아내 부	美 아름다울 미	重 무거울 중	要 요긴할 요	活 살 활	動 움직일 동	得 얻을 득

기획·편집·디자인 기탄교육연구소 | **디자인** So good
원고 집필 서정화 여찬수 김호기 이은영 | **캐릭터 디자인** 강소연 | **일러스트** 1집: 배은정 정진이 박희숙 김은주 윤미란 2집: 강명근 박선영 김희정 이야기상자
3집: 홍경아 이미연 박희숙 김은주 이윤하 4집: 박선영 홍숙희 김예중 김희정 윤지현 | **만화** 양은희 | **전자 편집** 푸른길
주소 06698 서울특별시 서초구 효령로 42 기탄출판문화센터 | **전화** (02) 586-1007 | **팩스** (02) 586-2337
ⓒ 2005 (주)기탄교육 All rights reserved. 본 교재의 저작에 관한 모든 권리는 (주)기탄교육에 있습니다. 저작권자의 동의 없이 본 교재를 무단으로 복제하거나 전재하는 것을 금합니다.

기탄 교과서 한자
쓰기 보따리

G3집
129a - 192a

기초부터 탄탄하게
기탄교육

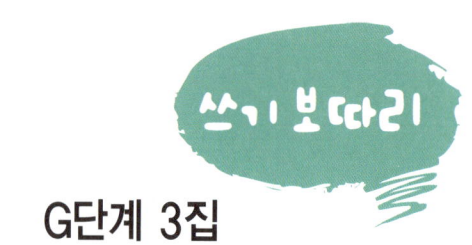

G단계 3집

필순이란?

한자를 가장 쉽고 편하게 쓰는 순서를 말합니다. 필순에 따라 한자를 쓰면 글자의 형태에 따른 짜임새를 파악하기 쉽고 맵시 있는 모양으로 한자를 써 나갈 수 있습니다.

 이와 같이 필순이란 한자의 모양을 정돈하고 바르게 쓰기 위해 오랜 세월동안 연구되어 오고 오늘날까지 전해져 내려온 것이므로 필순에 따라서 한자를 쓰는 것이 바람직합니다. 그러므로 한자마다 일정한 필순을 지니고 있습니다. 그러나 예외가 있는 것도 인정되고 한 글자에 두 가지의 필순이 있는 것도 있습니다. 이는 필순이 서로 다른 것이 존재한다는 것이지 틀린 것이 아닙니다.

 예전처럼 붓으로 한자를 쓰던 시대에는 점과 획의 순서와 방향에 따라 글자의 모양도 영향을 받았으나 현재처럼 필기구가 변화되고 컴퓨터에 의한 입력이 대부분인 시대에 와서는 예외적인 필순의 통용이 더욱 증가되는 추세입니다. 하지만 일반적인 필순은 반드시 지켜야 하는 기본 원칙이 존재합니다. 이 기본 원칙은 꼭 지키며 한자를 쓰는 습관이 중요합니다.

G단계 3집에서 익힌 한자와 한자어를 필순의 기본 원칙을 지키며 써 보세요.

漢字쓰기

問의 훈음을 큰소리로 읽고 필순에 맞게 한자를 쓰세요.

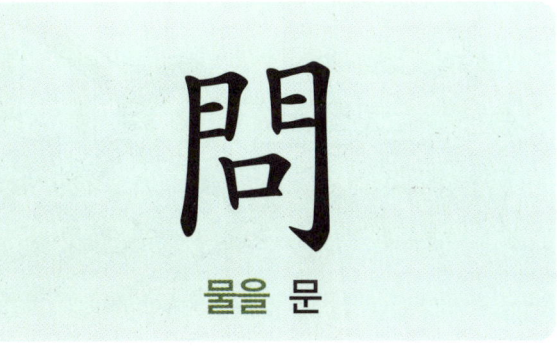
물을 문

丨 冂 冂 冂 門 門 門 門 問 問 問

問	問	問	問
물을 문	물을 문	물을 문	물을 문

問
口 부수 – 총 11획

● 問으로 만든 한자어 : 問安(문안)   問題(문제)   反問(반문)

 漢字쓰기

答의 훈음을 큰소리로 읽고 필순에 맞게 한자를 쓰세요.

대답할 답

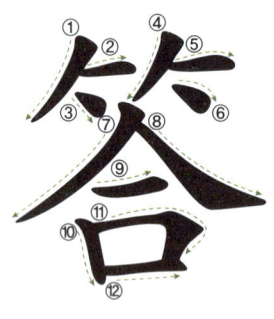
竹 부수 - 총 12획

ノ 亻 ㅅ ㅅ ㅆ ㅆ ㅆ 灬 笞 答 答

答 答 答 答
대답할 답　대답할 답　대답할 답　대답할 답

● 答으로 만든 한자어 : 問答(문답)　正答(정답)　回答(회답)　答信(답신)

漢字쓰기

📝 登의 훈음을 큰소리로 읽고 필순에 맞게 한자를 쓰세요.

登
오를 등

ㄱ ㄲ ㅼ ㅼㅼ ㅼㅼ ㅼㅼ ㅼㅼ 登 登 登 登 登

登	登	登	登
오를 등	오를 등	오를 등	오를 등

登
癶 부수 – 총 12획

● 登으로 만든 한자어 : 登山(등산)　登校(등교)　登用(등용)

G3집 쓰기 보따리 -3

漢字쓰기

📝 場의 훈음을 큰소리로 읽고 필순에 맞게 한자를 쓰세요.

場
마당 장

一 十 土 圵 圬 坍 坍 坍 垻 場 場 場

場	場	場	場
마당 장	마당 장	마당 장	마당 장

場
土 부수 - 총 12획

● 場으로 만든 한자어 : 市場(시장)　　工場(공장)　　入場(입장)　　登場(등장)　　場面(장면)

漢字쓰기

🔹 省의 훈음을 큰소리로 읽고 필순에 맞게 한자를 쓰세요.

살필/덜 성/생

丿 丨 小 少 少 尐 省 省 省

省	省	省	省
살필/덜 성/생	살필/덜 성/생	살필/덜 성/생	살필/덜 성/생

省

目 부수 – 총 9획

● 省으로 만든 한자어 : 反省(반성)   自省(자성)   省墓(성묘)

漢字 쓰기

● 春의 훈음을 큰소리로 읽고 필순에 맞게 한자를 쓰세요.

봄 춘

一 = 三 丰 夫 夫 春 春 春

春
봄 춘

春
日 부수 - 총 9획

● 春으로 만든 한자어 : 春川(춘천)   立春(입춘)   靑春(청춘)   春香(춘향)

漢字쓰기

🔖 夏의 훈음을 큰소리로 읽고 필순에 맞게 한자를 쓰세요.

여름 하

一 丆 丅 万 百 百 頁 頁 夏 夏

夏	夏	夏	夏
여름 하	여름 하	여름 하	여름 하

夊 부수 - 총 10획

● 夏로 만든 한자어 : 立夏(입하)   春夏(춘하)   夏至(하지)

 漢字쓰기

秋의 훈음을 큰소리로 읽고 필순에 맞게 한자를 쓰세요.

가을 추

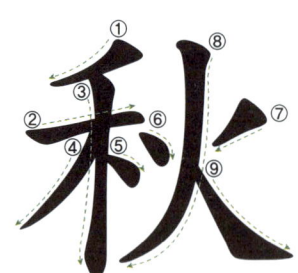

禾 부수 - 총 9획

丿 二 千 禾 禾 秋 秋

秋　秋　秋　秋

가을 추　가을 추　가을 추　가을 추

● 秋로 만든 한자어 : 秋夕(추석)　秋風(추풍)　春秋(춘추)

漢字 쓰기

🔶 冬의 훈음을 큰소리로 읽고 필순에 맞게 한자를 쓰세요.

겨울 동

丿 夂 夂 冬 冬

冬	冬	冬	冬
겨울 동	겨울 동	겨울 동	겨울 동

冬

冫 부수 – 총 5획

● 冬으로 만든 한자어 : 冬至(동지)　　立冬(입동)　　春夏秋冬(춘하추동)

漢字쓰기

▶ 溫의 훈음을 큰소리로 읽고 필순에 맞게 한자를 쓰세요.

따뜻할 온

`丶 丶 氵 氵 沪 沪 渭 渭 渭 渭 渭 溫 溫`

溫 溫 溫 溫

따뜻할 온

氵 부수 – 총 13획

● 溫으로 만든 한자어 : 氣溫(기온)　溫室(온실)　溫水(온수)

漢字쓰기

貴의 훈음을 큰소리로 읽고 필순에 맞게 한자를 쓰세요.

귀할 귀

丶 丨 口 中 虫 串 貴 貴 貴 貴 貴 貴

貝 부수 – 총 12획

貴	貴	貴	貴
귀할 귀	귀할 귀	귀할 귀	귀할 귀

● 貴로 만든 한자어 : 貴重(귀중)   高貴(고귀)   貴人(귀인)   富貴(부귀)

漢字 쓰기

✏ 愛의 훈음을 큰소리로 읽고 필순에 맞게 한자를 쓰세요.

사랑 애

心 부수 – 총 13획

′ ⌐ ⌐ ⌐ ⌐ ⌐ ⌐ ⌐ 愛 愛 愛 愛 愛

愛	愛	愛	愛
사랑 애	사랑 애	사랑 애	사랑 애

● 愛로 만든 한자어 : 友愛(우애)   愛國(애국)   愛人(애인)   愛犬(애견)   愛情(애정)

漢字 쓰기

📌 病의 훈음을 큰소리로 읽고 필순에 맞게 한자를 쓰세요.

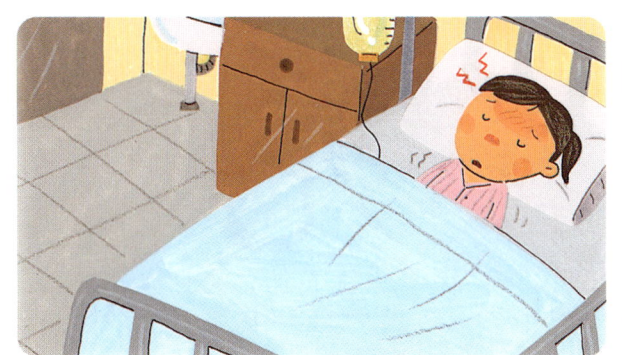

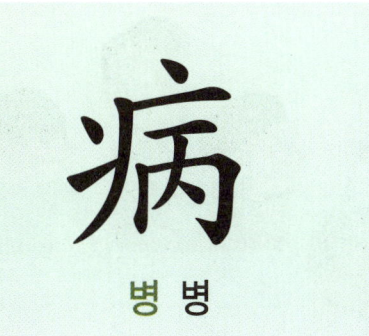

병 병

丶 亠 广 广 疒 疒 疒 病 病 病

病	病	病	病
병 병	병 병	병 병	병 병

病
疒 부수 – 총 10획

● 病으로 만든 한자어 : 問病(문병)   病室(병실)   病名(병명)   白血病(백혈병)

G3집 쓰기 보따리 -13

漢字쓰기

✎ 死의 훈음을 큰소리로 읽고 필순에 맞게 한자를 쓰세요.

죽을 사

一 ア ア 歹 歹 死

死 死 死 死

죽을 사   죽을 사   죽을 사   죽을 사

歹 부수 – 총 6획

● 死로 만든 한자어 : 生死(생사)   不死身(불사신)   病死(병사)   死亡者(사망자)

漢字쓰기

📝 敬의 훈음을 큰소리로 읽고 필순에 맞게 한자를 쓰세요.

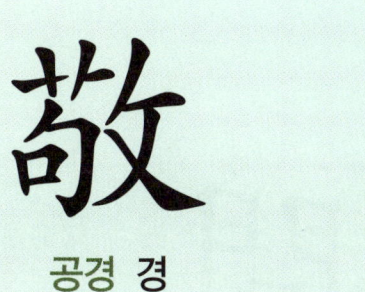

敬
공경 경

丶 艹 艹 芍 芍 苟 苟 苟 苟 葡 敬 敬

敬	敬	敬	敬
공경 경	공경 경	공경 경	공경 경

敬
攵 부수 – 총 13획

● 敬으로 만든 한자어 : 恭敬(공경)   敬老(경로)   敬語(경어)   敬老席(경로석)

漢字語 쓰기

問, 答이 들어가는 한자어를 알아보고 빈 칸에 알맞게 쓰세요.

問
물을 문

問	安
물을 문	편안 안

問安(문안) : 웃어른에게 안부를 물음

問	題
물을 문	제목 제

問題(문제) : 해답을 필요로 하는 물음. 연구하거나 해결해야 할 사항

反	問
돌이킬 반	물을 문

反問(반문) : 남의 물음에는 답하지 않고 도리어 되받아 물음

答
대답할 답

問	答
물을 문	대답할 답

問答(문답) : 물음과 대답. 또는 서로 묻고 대답함

正	答
바를 정	대답할 답

正答(정답) : 옳은 답. 맞는 답

回	答
돌 회	대답할 답

回答(회답) : 물음, 서신, 연락 따위에 대한 대답

漢字語 쓰기

📝 登, 場이 들어가는 한자어를 알아보고 빈 칸에 알맞게 쓰세요.

登 오를 등

登	山
오를 등	산/뫼 산

登山(등산) : 산에 오름

登	校
오를 등	학교 교

登校(등교) : 학교에 감

登	用
오를 등	쓸 용

登用(등용) : 인재를 뽑아 씀

場 마당 장

市	場
시장 시	마당 장

市場(시장) : 여러 가지 상품을 팔고 사는 장소

工	場
장인 공	마당 장

工場(공장) : 근로자가 기계 등을 사용하여 물건을 가공, 제조하거나 수리, 정비하는 시설

入	場
들 입	마당 장

入場(입장) : 회장이나 식장, 경기장 따위의 장내에 들어감

漢字語 쓰기

🔖 省이 들어가는 한자어를 알아보고 빈 칸에 알맞게 쓰세요.

省
살필/덜 성/생

反	省		
돌이킬 반	살필/덜 성/생		

反省(반성) : 자기의 언행, 생각 따위의 잘잘못이나 옳고 그름을 깨닫기 위해 스스로를 돌이켜 살핌

自	省		
스스로 자	살필/덜 성/생		

自省(자성) : 스스로 반성함. 자기가 한 일에 대하여 옳고 그름을 되돌아 봄

省	墓		
살필/덜 성/생	무덤 묘		

省墓(성묘) : 조상의 산소에 가서 인사를 드리고 산소를 살피는 일

漢字語 쓰기

春, 夏가 들어가는 한자어를 알아보고 빈 칸에 알맞게 쓰세요.

春川(춘천) : 강원도 서부에 있는 시

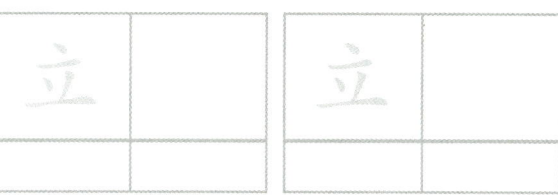

立春(입춘) : 이십사절기의 하나. 2월 4일경. 이 무렵에 봄이 시작된다고 함

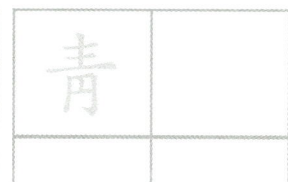

靑春(청춘) : 스무 살 안팎의 젊은 나이를 비유하여 이르는 말

立夏(입하) : 이십사절기의 하나. 5월 6일경. 이 무렵에 여름이 시작된다고 함

春夏(춘하) : 봄과 여름

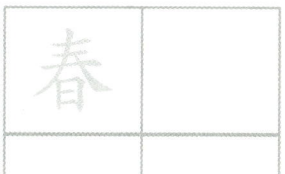

夏至(하지) : 이십사절기의 하나. 북반구에서 낮이 가장 긴 날

漢字語 쓰기

🖎 秋, 冬이 들어가는 한자어를 알아보고 빈 칸에 알맞게 쓰세요.

秋	夕				
가을 추	저녁 석				

秋夕(추석) : 우리 나라 명절의 하나. 음력 8월 보름. 중추절. 한가위

秋	風				
가을 추	바람 풍				

秋風(추풍) : 가을 바람

春	秋				
봄 춘	가을 추				

春秋(춘추) : 봄과 가을. 〈나이〉의 높임말

冬	至				
겨울 동	이를 지				

冬至(동지) : 이십사절기의 하나. 12월 22일경. 북반구에서 연중 밤이 가장 긴 날

立	冬				
설 립	겨울 동				

立冬(입동) : 이십사절기의 하나. 11월 7, 8일경으로 이 무렵에 겨울이 시작된다고 함

春	夏	秋	冬		
봄 춘	여름 하	가을 추	겨울 동		

春夏秋冬(춘하추동) : 봄, 여름, 가을, 겨울의 네 철을 아울러 이르는 말

漢字語 쓰기

溫이 들어가는 한자어를 알아보고 빈 칸에 알맞게 쓰세요.

溫
따뜻할 온

氣	溫	氣		氣	
기운 기	따뜻할 온				

氣溫(기온) : 대기의 온도

溫	水		水		水
따뜻할 온	물 수				

溫水(온수) : 따뜻한 물. 더운 물

溫	室		室		室
따뜻할 온	집 실				

溫室(온실) : 식물을 재배하거나 추위에 약한 동물을 기르기 위하여 알맞은 온도와 습도를 유지할 수 있게 만든 건물

漢字語 쓰기

貴, 愛가 들어가는 한자어를 알아보고 빈 칸에 알맞게 쓰세요.

貴 귀할 귀

貴	重
귀할 귀	무거울 중

貴重(귀중) : 귀하고 중요함

高	貴
높을 고	귀할 귀

高貴(고귀) : 인품이나 지위가 높고 귀함

貴	人
귀할 귀	사람 인

貴人(귀인) : 신분이나 지위가 높은 사람

愛 사랑 애

友	愛
벗 우	사랑 애

友愛(우애) : 형제간이나 친구 사이의 도타운 정과 사랑

愛	國
사랑 애	나라 국

愛國(애국) : 자기 나라를 사랑함

愛	人
사랑 애	사람 인

愛人(애인) : 이성 간의 사랑하는 사람. 남을 사랑함

漢字語 쓰기

📖 病, 死가 들어가는 한자어를 알아보고 빈 칸에 알맞게 쓰세요.

問病(문병) : 앓는 사람을 찾아보고 위로함

病室(병실) : 병원에서 환자가 있는 방. 병자가 누워있는 방

病名(병명) : 병의 이름

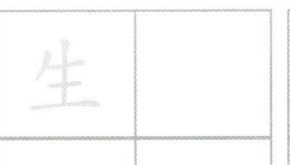 

生死(생사) : 삶과 죽음. 태어남과 죽음

 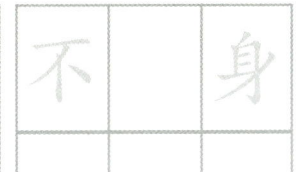

不死身(불사신) : 어떤 병이나 상해, 고통 등에도 견디어 내는 일, 또는 그런 몸

病死(병사) : 병으로 죽음

漢字語 쓰기

📝 敬이 들어가는 한자어를 알아보고 빈 칸에 알맞게 쓰세요.

敬
공경 경

恭	敬
공손할 공	공경 경

恭敬(공경) : 남을 대할 때 몸가짐을 공손히 하고 존경함

敬	老
공경 경	늙을 로

敬老(경로) : 노인을 공경함

敬	語
공경 경	말씀 어

敬語(경어) : 듣는 사람이나 제삼자에게 존경의 뜻을 나타내기 위하여 사용하는 말. 높임말, 존경어

필순의 일반적 원칙

1. 위에서 아래로 씁니다.

　　三 : 一 二 三　　　言 : ` 一 二 亖 言 言 言

2. 왼쪽에서 오른쪽으로 씁니다.

　　川 : ノ 丿 川　　　林 : 一 十 オ 木 朩 村 材 林

3. 가로획과 세로획이 교차될 때는 가로획을 먼저 씁니다.

　　十 : 一 十　　　土 : 一 十 土

4. 좌우의 모양이 같을 때는 가운데를 먼저 씁니다.

　　小 : 亅 小 小　　　水 : 亅 水 水 水

5. 전체를 꿰뚫는 획은 제일 나중에 씁니다.

　　中 : 丨 口 口 中　　　母 : ㄴ 旦 母 母 母

6. 바깥쪽과 안쪽이 있을 때는 바깥쪽을 먼저 씁니다.

　　風 : ノ 几 凡 凡 凤 凤 風 風 風　　　向 : ´ 亻 冂 向 向 向

7. 둘레를 막아 주는 획은 마지막에 씁니다.

　　目 : 丨 冂 月 月 目　　　四 : 丨 冂 匹 四 四

기탄 한자 쓰기보따리

펴낸이 : 정지향 | **펴낸곳** : (주)기탄교육 | **기획·편집·디자인** : 기탄교육연구소
주소 : 06698 서울특별시 서초구 효령로 42 기탄출판문화센터 | **등록** : 제22-1740호 | **전화** : (02)586-1007 | **팩스** : (02)586-2337

※서점에 갈 시간이 없거나 구하기 어려운 분은 인터넷 또는 전화로 신청하세요. 즉시 우송해 드립니다.   www.gitan.co.kr

ⓒ 2005 (주)기탄교육 All rights reserved. 본 교재의 저작에 관한 모든 권리는 (주)기탄교육에 있습니다.
저작권자의 동의 없이 본 교재를 무단으로 복제하거나 전재하는 것을 금합니다.